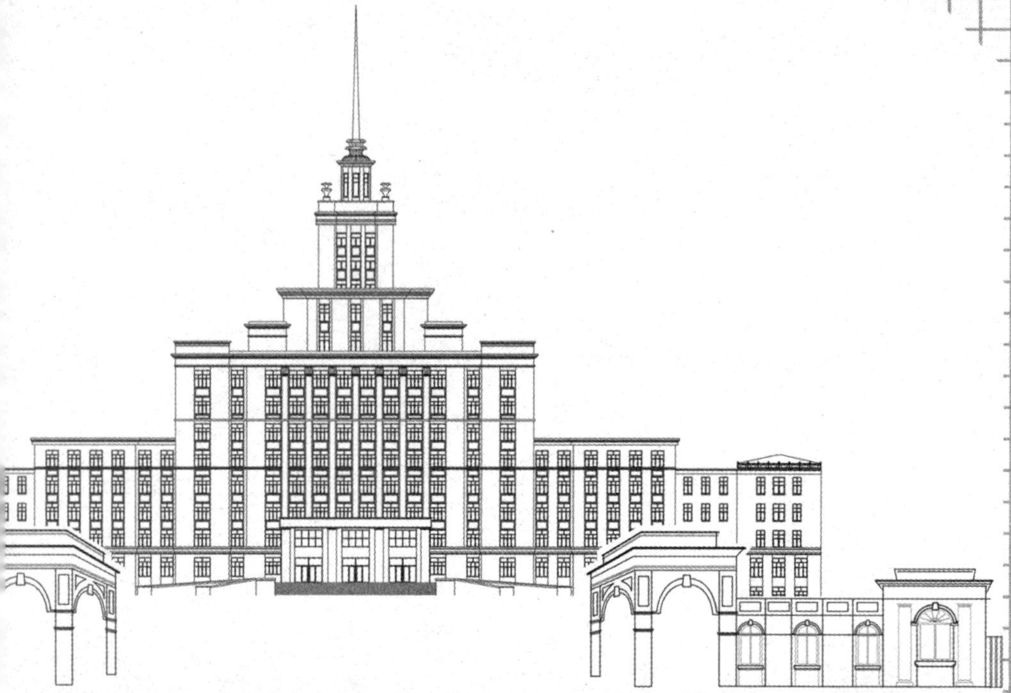

ДЕЛОВОЙ РУССКИЙ ЯЗЫК
СТРАНОВЕДЕНИЕ И КУЛЬТУРА

总主编 孙淑芳

全国应用型本科院校俄语专业推荐教材

ДЕЛОВОЙ РУССКИЙ ЯЗЫК

俄罗斯国情文化

СТРАНОВЕДЕНИЕ И КУЛЬТУРА

主编 冯海霞 副主编 尚明霞 左洪语 白 云

黑龙江大学出版社
HEILONGJIANG UNIVERSITY PRESS
哈尔滨

图书在版编目（CIP）数据

俄罗斯国情文化 / 冯海霞主编．-- 哈尔滨 ： 黑龙江大学出版社， 2025． 7． --（全国应用型本科院校俄语专业推荐教材 / 孙淑芳主编）． -- ISBN 978-7-5686-1223-4

Ⅰ． H359.39；K951.2

中国国家版本馆 CIP 数据核字第 2024XA2929 号

俄罗斯国情文化
ELUOSI GUOQING WENHUA
冯海霞　主编　尚明霞　左洪语　白　云　副主编

责任编辑　张微微　蔡莹雪　徐晓华
出版发行　黑龙江大学出版社
地　　址　哈尔滨市南岗区学府三道街 36 号
印　　刷　哈尔滨市石桥印务有限公司
开　　本　880 毫米 ×1230 毫米　1/16
印　　张　11.5
字　　数　324 千
版　　次　2025 年 7 月第 1 版
印　　次　2025 年 7 月第 1 次印刷
书　　号　ISBN 978-7-5686-1223-4
定　　价　49.80 元

本书如有印装错误请与本社联系更换，联系电话：0451-86608666。

总 序

随着中俄新时代全面战略协作伙伴关系的深化，两国交往日益紧密，务实合作不断扩大，特别是随着国家"一带一路"倡议的实施，各领域对俄语专业人才的需求持续增加，人才培养类型也呈现出多元化态势。除了理论型、研究型和外交型等各类人才外，应用型俄语人才的需求也在持续扩大。近年来，越来越多的应用型本科院校开设了俄语专业，其培养定位和教学模式体现出自身特色。我国高校俄语教育自始至终注重培养学生的综合语言运用能力和跨文化交际能力，不断创新教育教学模式，探索教材编写新理念。但是，专业学科的发展与教材建设不成正比，适用于应用型本科院校的教材建设滞后，不仅有碍于应用型俄语人才培养质量的提高，使人才培养与社会需求、学生就业、工作实践等方面脱节，也限制了学生的个性化发展。因此，编写适合应用型本科院校使用的俄语教材势在必行。

在此背景下，黑龙江大学出版社秉持为社会服务、为教学与人才培养服务的宗旨，筹划编写一套"全国应用型本科院校俄语专业推荐教材"。为此，多次组织一线教师召开座谈会和教材编写会议，经过大量调研和充分酝酿研讨，最终确定了教材编写指导思想、编写原则、框架设计、教材特点和规模。"全国应用型本科院校俄语专业推荐教材"最早于 2017 年由黑龙江大学出版社出版，包括《商务俄语笔译》《商务俄语口译》《商务俄语口语》《商务俄语阅读（上、下册）》《旅游俄语》《商务礼仪》《俄罗斯国情文化》8 个分册。首版教材结合教育部应用型本科教学培养转型的具体要求，兼顾相关院校商务俄语专业应用型教学的实际需要，创新编写理念，依据学生特点量体裁衣，内容难易程度适中，突出针对性和实用性，体现时代感，并统筹各分册性质、特点和风格，完善体例结构，规范概念，实现了课堂教学有的放矢、学生学习得心应手的编写初衷。

为了紧跟时代发展步伐，精准把握俄罗斯商务领域动态变化和发展趋势，进一步满足读者日益增长的实际需求，黑龙江大学出版社组织策划对首版"全国应用型本科院校俄语专业推荐教材"进行系统修订与全新改版，新版包括《商务俄语阅读（上、下册）》《商务俄语笔译》《商务俄语口译》《商务俄语口语》《旅游俄语》《俄罗斯国情文化》《国际贸易合同》8 个分册，旨在提供富有鲜明时代感的商务俄语学习素材，让读者在商务交际中更加得心应手。

新版教材编写宗旨是：服务国家"一带一路"倡议，突出应用导向，强化实践能力，同时注重创新引领，拓宽国际视野，确保教材内容的丰富性、科学性、系统性和前瞻性。教材是教与学的基本依据，是实施教学大纲的重要载体。在编写过程中，注重根据应用型本科院校商务俄语专业一线教师教学实践需要组织材料，并根据实际需要不断完善、更新和补充相关内容，从选材到编排均体现了教材编写的各项要求，特色鲜明，知识性强、内容新、适用性强、覆盖面广。同时，注重选材的时代性，避免使用陈旧过时的语料；注重语料来源的可靠性，着重选取俄罗斯商务领域最新素材；注重知识的实用性，教材内容与教学大纲相适应，把学生必须掌握的知识点落实到教材各个环节，以满足新时代商务俄语专业教学要求和学生的实际需要。各个分册规模适中，每学时内容根据教师授课情况均匀分布。

新版教材由黑龙江大学俄语学院孙淑芳教授担任总主编，团队成员主要是黑龙江大学、东北师范大学、大连外国语大学、延边大学、中国人民大学、海南大学、浙江外国语学院、牡丹江师范学院、黑龙江东方学院、黑河学院、黑龙江外国语学院、北京第二外国语学院、盐城师范学院等院校俄语专业教学的一线教师。教材可供全国应用型本科院校俄语专业学生、俄语成人自考、各类俄语培训班，以及广大俄语爱好者使用。

教材改版升级历时三年有余。作为总主编，亲历了黑龙江大学出版社领导为教材顺利出版倾注的大量心血，被编写团队全体人员和出版社编辑们所表现出的职业素养和高度敬业精神深深感动。在新版教材即将付梓之际，谨向他们表示最诚挚的谢意和深深的敬意！希冀新版教材能为我国应用型本科院校俄语专业人才培养贡献绵薄之力！

教材难免会有疏漏、偏颇和不当之处，欢迎广大师生和读者批评指正，共同推动新版“全国应用型本科院校俄语专业推荐教材”不断进步与完善。

孙淑芳

2025 年 1 月 8 日于哈尔滨

前 言

外语教学的主要任务是培养跨文化的交际人才，这样的人才，仅仅掌握语言的基础知识是不够的。只有既精通一门外语，又详细了解该语言使用国的文化国情，才能担负起跨文化交际的重任。俄罗斯国情课是教学大纲中规定的必修内容之一，这门课的开设对于学生了解俄罗斯国家的地理、历史、文化、经济等知识是必不可少的。

《俄罗斯国情文化》教材体现了“最新”与“实用”两大特点。首先“最新”指的是书中数字新、材料新、角度新，“实用”指的是教材编写本着“必须”和 “够用”的原则，即语言难度和知识范畴适合于俄语专业本科二年级学生的水平。教材简略地介绍俄罗斯国家的国情知识，让学生对所学语言国家有一个整体的、全面的了解。本着这一宗旨，本书由五章组成：俄罗斯概况、历史、文化、文学、经济。其中“俄罗斯概况”包括国家象征（国旗、国徽、国歌）、地理、气候、人口、语言等最基本的国情知识；“文化”包括俄罗斯教育、造型艺术、音乐艺术、实用装饰艺术等。每一章节都筛选了最重要的，也是最基本的国情知识介绍给学生。为了使学生能够掌握所学知识，在每个章节后面都编写了练习题和单元测试，以利于教学。此外，附录中编者还总结了俄罗斯著名的童话、电影、报刊、网站等常识性的国情信息，以便学生课余学习之用。

本书用俄文编写，优点在于：1）可以使学生掌握原始的“第一手”信息。2）使学生在了解文化国情知识的过程中复习、巩固俄语语言知识，增加单词量，提高阅读能力，培养俄语语感，做到语言与知识兼顾。此外，每单元后都有相对应的汉语译文以及部分内容的中文知识链接，不仅可以帮助学生理解本单元所学俄文课文，又可以扩大学生知识面，激发学生学习的兴趣和求知欲。

全书共分五单元 35 节，需 68 学时完成（使用者可根据本校情况和学生水平对书中内容进行选择，其余供课外阅读）。本书辅文及第一单元、第三单元、第四单元、附录、参考文献由主编冯海霞编写；第二单元由副主编尚明霞编写，其中 2.4 节由副主编白云编写；第五单元由副主编左洪语编写。

《俄罗斯国情文化》参阅了大量近十几年俄罗斯及我国出版的各类有关书籍与网上资料。由于时间仓促，编者水平有限，书中不当之处在所难免，诚恳希望读者批评指正。

主编　冯海霞

2024 年 5 月

ОГЛАВЛЕНИЕ

目 录

РАЗДЕЛ 1 ОБЩИЕ СВЕДЕНИЯ О РОССИИ
第一单元 俄罗斯概况

1.1 ГОСУДАРСТВЕННЫЕ СИМВОЛЫ
国家象征

Текст

Государственный флаг — белый, синий, красный. Отношение ширины флага к его длине 2 : 3.

Государственный герб — золотой двуглавый орёл. Двуглавый орёл был принят в качестве государственного символа при московском князе Иване III.

Государственный гимн — «Россия, священная наша держава». Современный гимн «Россия, священная наша держава» был принят только в 2000 г.

Музыка: А. В. Александров

Слова: С. В. Михалков

Текст:

Россия — священная наша держава,
Россия — любимая наша страна.
Могучая воля, великая слава —
Твоё достоянье на все времена!

Славься, Отечество наше свободное,
Братских народов союз вековой,
Предками данная мудрость народная!
Славься, страна! Мы гордимся тобой!

От южных морей до полярного края
Раскинулись наши леса и поля.
Одна ты на свете! Одна ты такая —
Хранимая Богом родная земля!

Славься, Отечество наше свободное,
Братских народов союз вековой,
Предками данная мудрость народная!
Славься, страна! Мы гордимся тобой!

Широкий простор для мечты и для жизни
Грядущие нам открывают года.
Нам силу даёт наша верность Отчизне.
Так было, так есть и так будет всегда!

Славься, Отечество наше свободное,
Братских народов союз вековой,
Предками данная мудрость народная!
Славься, страна! Мы гордимся тобой!

Национальный цветок — ромашка.

Новые слова и выражения

госуда́рственный герб 国徽
двугла́вый орёл 双头鹰
госуда́рственный гимн 国歌
держа́ва 强国
рома́шка 洋甘菊

俄罗斯国旗是白蓝红三色旗。旗帜宽度与长度的比例为2：3。

俄罗斯国徽是金色双头鹰。双头鹰图案被采用作为国家象征还是在莫斯科大公伊凡三世统治时期。

俄罗斯国歌的名字是《俄罗斯,我们神圣的祖国》。现代国歌《俄罗斯,我们神圣的祖国》是在

2000年被正式采用的。

作曲：亚·瓦·亚历山德罗夫

作词：谢·弗·米哈尔科夫

歌词：

俄罗斯，我们神圣的祖国，
俄罗斯，我们可爱的家园。
坚强的意志，巨大的荣耀，
是你亘古不变的财宝！

自豪吧，我们自由的祖国，
各兄弟民族联盟世代相传，
先辈们赋予人民以智慧！
自豪吧，祖国！我们为你骄傲！

从南方的大海到北极的疆域，
我们的森林和田野一望无际。
你举世无双！
你是上帝保佑的唯一沃土！

自豪吧，我们自由的祖国，
各兄弟民族联盟世代相传，
先辈们赋予人民以智慧！
自豪吧，祖国！我们为你骄傲！

无限的理想境界和广阔的生活空间，
时代为我们开辟了未来。
对祖国的忠诚给我们以力量。
过去，现在，直到永远！

自豪吧，我们自由的祖国，
各兄弟民族联盟世代相传，
先辈们赋予人民以智慧！
自豪吧，祖国！我们为你骄傲！

俄罗斯国花是洋甘菊。

1.2 ПЛОЩАДЬ И ГЕОГРАФИЧЕСКОЕ ПОЛОЖЕНИЕ РОССИИ
俄罗斯的领土面积和地理位置

Текст

Россия — самое большое по площади государство мира. Её площадь составляет 17,0982 млн кв. км.

Россия занимает большую часть Восточной Европы и Северную Азию. Граница между этими частями проходит по Уральским горам.

По территории России проходит 11 часовых поясов. Основным считается московское время — по Москве объявляют отправление поездов с вокзалов во всех городах, по московскому времени дикторы телевидения сообщают людям о демонстрации фильмов. Все остальные регионы должны высчитывать разницу между московским и местным временем самостоятельно.

С севера территория страны омывается водами шести морей Северного Ледовитого океана (Баренцево, Белое, Карское, море Лаптевых, Восточно-Сибирское и Чукотское), с востока — тремя морями Тихого океана (Берингово, Охотское и Японское), с запада и юго-запада — тремя морями Атлантического океана (Балтийское, Чёрное и Азовское).

Россия на суше имеет границу с 14 странами. На западе — это Норвегия, Финляндия, Эстония, Латвия, Литва, Польша, Белорусь и Украина. На юге граничит с Грузией, Азербайджаном, Казахстаном. На юго-востоке с Китаем, Монголией и Корейской Народно-Демократической Республикой. С США и Японией Россия имеет только морскую границу.

Новые слова и выражения

часово́й по́яс 时区

омыва́ться 环绕

грани́чить 同……交界，毗邻

俄罗斯是世界上领土面积最大的国家。领土面积为 1 709.82 万平方千米。

俄罗斯占据了欧洲东部和亚洲北部的大部分地区。这些部分之间的边界穿过乌拉尔山脉。

俄罗斯有 11 个时区。莫斯科时间被认为是主要时间，因为要按莫斯科时间宣布火车从所有

城市火车站出发的时间,电视播音员要按莫斯科时间向人们通报电影放映情况。所有其他地区都必须独立计算莫斯科时间和当地时间之间的差异。

俄罗斯北面与北冰洋的六个海(巴伦支海、白海、喀拉海、拉普捷夫海、东西伯利亚海和楚科奇海)相毗邻,东面与太平洋的三个海(白令海、鄂霍次克海和日本海)相毗邻,西面和西南面与大西洋的三个海(波罗的海、黑海和亚速海)相毗邻。

在陆地上俄罗斯与14个国家接壤。西部有挪威、芬兰、爱沙尼亚、拉脱维亚、立陶宛、波兰、白俄罗斯和乌克兰。南部与格鲁吉亚、阿塞拜疆和哈萨克斯坦接壤。东南部与中国、蒙古和朝鲜接壤。而美国和日本是俄罗斯的海上邻国。

1.3 ГЕОЛОГИЯ И КЛИМАТ

地质与气候

Текст

Россия — страна обширных равнин. Европейская часть её расположена на Восточно-Европейской (Русской) равнине с небольшими возвышенностями, а за Уралом начинается совершенно плоская Западно-Сибирская равнина. Невысоко и Среднесибирское плоскогорье, расположенное между реками Енисей и Лена. И только на юге и северо-востоке Сибири поднимаются горы.

В России находятся более 2 млн пресных и солёных озёр. Самые большие — Байкал, Ладожское и Каспийское озеро-море, на берегах которого расположено несколько государств.

На территории страны насчитывается около 120 тыс. рек длиной более 10 км. Самые известные из них — Волга, Обь, Енисей, Лена и др. Основные реки России впадают в Северный Ледовитый океан. Волга впадает в Каспийское море.

Климат в России в целом умеренный и субарктический континентальный. Но климатические различия между разными зонами значительны. Есть земли с арктическим климатом, лежащие к северу от Полярного круга, центральная часть лежит в умеренном поясе и небольшая часть — в субтропиках. Если двигаться на восток, то климат становится холоднее и называется уже по-другому — резко континентальным.

На севере России располагается зона тундры и лесотундры. 46,6% территории России занимает лесная зона. На Русской равнине и юге Дальнего Востока растут смешанные леса, в Сибири распространены хвойные леса (тайга). На юге страны и в Сибири находится зона степей, полупустынь и пустынь. На севере, в Сибири и на северной половине Дальнего Востока, распространена вечная мерзлота. Она занимает площадь около 10 млн кв. км.

Россия богата природными ресурсами. Среди полезных ископаемых газ, уголь, нефть, торф, руды цветных металлов, бокситы (из них получают алюминий), золото, алмазы, платина и др. Главные угольные бассейны России: Кузбасс (Кузнецкий бассейн), Канско-Ачинский и Печорский бассейны. Главные нефтяные базы: Западно-Сибирская, Волго-Уральская, Северо-Кавказская, Печорская и Сахалинская базы. Главные металлургические базы: Центральная база, Уральская база и Сибирская база.

Плодородные почвы, луга и пастбища, лиственные и хвойные леса, охотничьи угодья — всё это тоже богатства России.

Новые слова и выражения

равни́на 平原
возвы́шенность 高地
пло́ский 平坦的
плоского́рье 高原
пре́сный 淡的
насчи́тываться 共有,计有
уме́ренный 温带的
субаркти́ческий 亚寒带的
континента́льный 大陆的
зо́на 带,区
субтро́пики 亚热带
ту́ндра 苔原,冻原,冻土带
сме́шанный лес 混交林
хво́йный 针叶的
степь 草原
пусты́ня 沙漠
ве́чная мерзлота́ 永久冻土
поле́зные ископа́емые 矿产
торф 泥煤,泥炭
руда́ 矿(石)
бокси́т 铝土矿
алюми́ний 铝
пла́тина 铂,白金
металлурги́ческий 冶金的
плодоро́дный 肥沃的
луг 草地;牧场
па́стбище 牧场
ли́ственный 阔叶的
уго́дье 能经营的土地(此处指猎场)

俄罗斯是一个广阔的平原国家。它的欧洲部分位于东欧(俄罗斯)平原上,有小高地,乌拉尔山脉以外是完全平坦的西西伯利亚平原。位于叶尼塞河和勒拿河之间的中西伯利亚高原也很低。只有在西伯利亚南部和东北部,山脉才逐渐上升。

俄罗斯有超过200万个淡水湖和咸水湖。最大的是贝加尔湖、拉多加湖和里海,里海沿岸有几个国家。

俄罗斯境内约有12万条10千米以上的河流，其中最著名的有伏尔加河、鄂毕河、叶尼塞河、勒拿河等。俄罗斯的主要河流都流入北冰洋。伏尔加河流入里海。

俄罗斯的气候总体上是温带和亚寒带的大陆性气候。但不同地带之间的气候差异是显著的。极圈以北的陆地是北极气候，中部位于温带，一小部分位于亚热带。如果向东移动，那么气候会变得更冷，并且有一个不同的名称——极端大陆性气候。

俄罗斯北部是苔原和森林苔原区。森林覆盖面积占国土面积的46.6%。混交林生长在俄罗斯平原和远东南部；针叶林（泰加林）分布在西伯利亚。俄罗斯南部和西伯利亚是草原、半沙漠和沙漠地区。在北方，在西伯利亚和远东的北半部分布着永冻层，面积约1 000万平方千米。

俄罗斯自然资源丰富。矿产包括天然气、煤、石油、泥炭、有色金属矿石、铝土矿（从中生产铝）、黄金、金刚石、铂等。俄罗斯的主要煤田有：库兹巴斯煤田（库兹涅茨克煤田）、坎斯克-阿钦斯克煤田和伯朝拉煤田。主要石油基地有：西西伯利亚、伏尔加-乌拉尔、北高加索、伯朝拉和库页岛基地。主要冶金基地有：中部基地、乌拉尔基地和西伯利亚基地。

肥沃的土壤、草地和牧场、阔叶和针叶林、狩猎场，所有这些也是俄罗斯的财富。

1.4 ЭКОНОМИЧЕСКОЕ РАЙОНИРОВАНИЕ
经济区划分

Текст

Обычно по географическому положению территория России делится на 8 традиционных районов — Европейский Север, Северо-Запад, Центр России, Северный Кавказ, Поволжье, Урал, Сибирь и Дальний Восток. Экономическое районирование — это тоже один из видов районирования в России. Территория России делится на 11 экономических районов и 1 отдельный экономический район — Калининградскую область. В состав 11 экономических районов входит Центральный, Центрально-Чернозёмный, Восточно-Сибирский, Дальневосточный, Северный, Северо-Кавказский, Северо-Западный, Поволжский, Уральский, Волго-Вятский и Западно-Сибирский район.

Новые слова и выражения

дели́ться 分为若干部分

райони́рование 地区划分

根据地理位置，俄罗斯领土通常分为8个传统地区——欧洲北部、西北部地区，俄罗斯中央地区，北高加索地区，伏尔加河沿岸地区，乌拉尔地区，西伯利亚地区和远东地区。经济区划分也是俄罗斯的一种区划。俄罗斯领土分为11个经济区和1个独立的经济区——加里宁格勒州。11个经济区包括中央经济区、中央黑土经济区、东西伯利亚经济区、远东经济区、北方经济区、北高加索经济区、西北经济区、伏尔加沿岸经济区、乌拉尔经济区、伏尔加-维亚特卡经济区和西西伯利亚经济区。

1.5 НАСЕЛЕНИЕ И ЯЗЫК

人口和语言

Текст

Россия — одна из самых населённых стран мира. На 1 января 2023 года по оценке Росстата в России проживало 146 447 424 постоянных жителя. Плотность населения — 8,55 чел./км^2. Население распределено крайне неравномерно: 69,11% россиян проживают в европейской части России, которая составляет 20,82% территории.

Россия — многонациональная страна. В России проживают 194 народности. Среди них этнические русские занимают 80,9%, ещё другие основные этнические меньшинства, в том числе: татары, украинцы, башкиры, чуваши, чеченцы, армяне, аварцы, молдаване, казахи, азербайджанцы, белорусы, и другие. Народы, живущие в Российской Федерации, говорят на различных языках, но официальным языком, согласно Конституции РФ, считается русский язык.

Новые слова и выражения

населённый 人口众多的,人烟稠密的

пло́тность 密度

неравноме́рно 不平衡地,不均匀地

этни́ческий 民族的;人种的

тата́ры (复数)鞑靼人

башки́ры (复数)巴什基尔人

чува́ши (复数)楚瓦什人

чече́нцы (复数)车臣人

армя́не (复数)亚美尼亚人

ава́рцы (复数)阿瓦尔人

молдава́не (复数)摩尔多瓦人

каза́хи (复数) 哈萨克人

конститу́ция 宪法

俄罗斯是世界上人口最多的国家之一。根据俄罗斯国家统计局的数据,截至2023年1月1

日，俄罗斯的常住人口为 146 447 424 人，人口密度——8.55 人每平方千米。人口分布极不均匀：69.11%的俄罗斯人居住在占总领土 20.82%的俄罗斯的欧洲部分。

俄罗斯是一个多民族国家。有 194 个民族。其中俄罗斯族占 80.9%，主要少数民族有鞑靼、乌克兰、巴什基尔、楚瓦什、车臣、亚美尼亚、阿瓦尔、摩尔多瓦、哈萨克、阿塞拜疆、白俄罗斯等族。生活在俄罗斯联邦的人民说各种语言，但根据俄罗斯联邦宪法，俄语被认为是官方语言。

1.6 ГЛАВНЫЕ ГОРОДА РОССИИ
俄罗斯主要城市

Текст

В России насчитывается свыше тысячи городов. По данным Росстата, на 1 января 2023 года, в России в настоящее время официально 16 городов-миллионников. Два главных мегаполиса страны — Москва и Санкт-Петербург. Далее с большим отрывом прочие города-миллионники: Новосибирск, Екатеринбург, Казань и Нижний Новгород. После них — Красноярск, Челябинск, Самара, Уфа, Ростов-на-Дону, Краснодар, Омск, Воронеж, Пермь, Волгоград. Самыми древними городами России являются Великий Новгород, Владимир, Суздаль, Псков и др.

Новые слова и выражения

мегапóлис 超级城市，特大城市

俄罗斯有一千多个城市。据俄罗斯国家统计局数据统计，截至 2023 年 1 月 1 日，俄罗斯现在有 16 座百万人口城市。其中两个主要的超级大都市是莫斯科和圣彼得堡。再就是有较大差距的其他一些百万人口城市：新西伯利亚、叶卡捷琳堡、喀山、下诺夫哥罗德。其次为克拉斯诺亚尔斯克、车里雅宾斯克、萨马拉、乌法、顿河畔罗斯托夫、克拉斯诺达尔、鄂木斯克、沃罗涅日、彼尔姆、伏尔加格勒。俄罗斯最古老的城市有大诺夫哥罗德、弗拉基米尔、苏兹达尔、普斯科夫等。

1.7 ДЕНЕЖНАЯ ЕДИНИЦА РОССИИ
俄罗斯的货币单位

Текст

Денежной единицей в Российской Федерации является рубль. «1 рубль = 100 копеек». Денежная эмиссия осуществляется исключительно Центральным банком Российской Федерации. Введение и эмиссия других денег в Российской Федерации не допускаются.

Новые слова и выражения

эми́ссия 发行

введе́ние 引入;推行

俄罗斯的货币单位是卢布。"1 卢布 = 100 戈比"。货币发行完全由俄罗斯联邦中央银行执行。其他货币的引入和发行在俄罗斯联邦是不被允许的。

1.8 ВЕРОИСПОВЕДАНИЕ
宗教信仰

Текст

Среди религиозных конфессий самой многочисленной является православная, жители многонациональной России исповедуют также ислам, католицизм, иудаизм, буддизм.

Новые слова и выражения

вероисповéдание 宗教信仰

религио́зный 宗教的

конфéссия <书>宗教信仰

правосла́вный 东正教的

испове́довать 信仰,信奉

исла́м 伊斯兰教

католици́зм 天主教

иудаи́зм 犹太教

будди́зм 佛教

在宗教信仰中，东正教是信奉人数最多的宗教，在多民族的俄罗斯国家里居民也有信奉伊斯兰教、天主教、犹太教和佛教的。

1.9 ОРГАНИЗАЦИОННАЯ СТРУКТУРА ПРАВИТЕЛЬСТВА РФ
俄罗斯联邦政府的组织架构

Текст

Президент РФ

Президент Российской Федерации — высшая государственная должность Российской Федерации. Президент Российской федерации является главой государства.

Президент Российской Федерации является гарантом Конституции Российской Федерации, прав и свобод человека и гражданина и Верховным Главнокомандующим Вооружёнными Силами Российской Федерации.

Президент Российской Федерации определяет основные направления внутренней и внешней политики государства.

Президент Российской Федерации избирается сроком на шесть лет. Кандидатом на должность президента может быть гражданин Российской Федерации не моложе 35 лет, постоянно проживающий в Российской Федерации не менее 25 лет.

Правительства РФ

Правительство Российской Федерации — это исполнительный орган России.

Правительство Российской Федерации состоит из Председателя Правительства России, заместителей Председателя Правительства России и федеральных министров.

Председатель Правительства Российской Федерации назначается Президентом Российской Федерации после утверждения его кандидатуры Государственной Думой.

Заместители Председателя Правительства Российской Федерации и федеральные министры, кандидатуры которых утверждены Государственной Думой, назначаются на должность Президентом Российской Федерации.

Федеральное Собрание Российской Федерации

Федеральное Собрание — представительный и законодательный орган Российской

Федерации. Федеральное Собрание состоит из двух палат: Совета Федерации (верхней палаты) и Государственной Думы (нижней палаты).

Проекты федеральных законов вносятся сначала в Государственную Думу. Принятые Государственной Думой федеральные законы передаются на рассмотрение Совета Федерации. После одобрения федерального закона Советом Федерации он считается окончательно принятым.

Государственная власть в Российской Федерации осуществляется на основе разделения на законодательную, исполнительную и судебную. Органы законодательной, исполнительной и судебной власти самостоятельны. Исполнительную власть Российской Федерации осуществляет Правительство Российской Федерации под общим руководством Президента Российской Федерации. Судебную власть в Российской Федерации осуществляют суды.

Новые слова и выражения

устро́йство 体制,制度

до́лжность 职位

гара́нт 保证人

Верхо́вный Главнокома́ндующий 最高统帅

Вооружённая Си́ла 武装力量

избира́ться 选举

кандида́т 候选人

исполни́тельный 执行的

мини́стр 部长

Госуда́рственная Ду́ма (Госду́ма) 国家杜马

назнача́ться на до́лжность 任职

законода́тельный 立法的

пала́та 议院

вноси́ться 列入,加入

одобре́ние 赞同,赞成

суде́бный 法院的,司法的

俄罗斯联邦总统

俄罗斯联邦总统是俄罗斯联邦的最高国家职位。俄罗斯联邦总统是国家元首。

俄罗斯联邦总统是俄罗斯联邦宪法、人权和公民权利及自由的保障者,也是俄罗斯联邦武装力量的最高统帅。

俄罗斯联邦总统决定国内和外交政策的主要方向。

俄罗斯联邦总统由选举产生,任期6年。总统职位候选人可以是不小于35岁的俄罗斯联邦公民,并在俄罗斯联邦长期居住至少25年。

俄罗斯联邦政府

俄罗斯联邦政府是俄罗斯的执行机关。

俄罗斯联邦政府由政府总理、副总理和各联邦部长组成。

俄罗斯联邦政府总理候选人经国家杜马批准后,由俄罗斯总统任命。

俄罗斯联邦政府副总理和联邦部长候选人经国家杜马批准后,由俄罗斯联邦总统任命。

俄罗斯联邦联邦会议

联邦会议是俄罗斯的代表和立法机构。联邦会议由两院组成:联邦委员会(上议院)和国家杜马(下议院)。

联邦法律草案首先提交给国家杜马。国家杜马通过的联邦法律提交联邦委员会审议。联邦法律经联邦委员会批准后,被视为最终通过。

俄罗斯联邦的国家权力是在立法、行政和司法三权分立的基础上行使的。立法、行政和司法部门是独立的。俄罗斯联邦政府在俄罗斯联邦总统的统一领导下行使行政权。俄罗斯联邦的司法权由法院行使。

Упражнения и задания

1. Ответьте на вопросы.

1) Какую часть мира занимает Россия?

2) Сколько часовых поясов проходит по территории России?

3) Какими морями омывается территория России?

4) Со сколькими странами по суше граничит Россия?

5) Какие равнины и реки в России вы знаете?

6) Какой климат в целом в России?

7) Какие полезные ископаемые в России?

8) На какие экономические районы делится территория России?

9) Вы можете назвать самые главные национальности России?

10) Вы знаете, кто высшая государственная должность в России?

2. Проверьте, как вы запомнили символы о России. Заполните таблицу правильно.

гос. флаг	герб	гимн	площадь
население	национальности	цветок	религия

3. Вспомните пройдённые знания о России в этом разделе. Соедините части предложений.

Россия занимает	Центральная база, Уральская база и Сибирская база.
Треть территории России занимает	Москва и Санкт-Петербург.
Главные металлургические базы	Совета Федерации и Госдумы.
Два главных мегаполиса страны	большую часть Восточной Европы и Северную Азию.
Федеральное Собрание состоит из	лесная зона.

4. Запомните следующую информацию!

(1) **Равнины**

①Великая Русская равнина (или Восточно-Европейская равнина)

②Западно-Сибирская равнина

(2) **Горные хребеты**

①Большой Кавказ

②Эльбрус(厄尔布鲁士山)— самая высокая гора России. Её высота — 5642 м.

③Урал — граница между Европой и Азией.

④Алтай(阿尔泰山)

⑤Саяны(萨彦岭)

⑥Горы Забайкалья(外贝加尔山脉)

(3) **Острова**

①Новая Земля(新地岛)— крупнейший архипелаг(群岛) в России.

②Остров Сахалин(库页岛)— крупнейший остров России, располагается в Охотском и Японском морях.

③Курильские острова(千岛群岛)

④Полуостров Камчатка(堪察加半岛)

⑤Полуостров Таймыр(泰梅尔半岛)

(4) **Озёра**

①Каспийское море — это крупнейшее озеро в мире.

②Байкал — «Жемчужина Сибири»(西伯利亚明珠), самое глубокое озеро в мире.

③Ладожское озеро(拉多加湖)— «Дорога жизни», самое крупное озеро в Европе.

④Чудское озеро(楚德湖)

(5) **Реки**

В России находится 120 000 рек длиной более 10 км. Самые крупные реки находятся в Сибири: Обь с Иртышом, Енисей, Лена. В Сибири построены крупнейшие в России ГЭС (гидроэлектростанция): Саяно-Шушенская и Красноярская на Енисее, Новосибирская на Оби, Иркутская на Ангаре и Вилюйская на притоке Лены.

Самая длинная река России: Обь с Иртышом — 5 410 км.

Самая многоводная река России: Енисей.

Волга — русские её называют «матушка». Это одновременно самая длинная река Европы (3 530 км). Волга впадает в Каспийское море.

Амур — река на Дальнем Востоке в Восточной Азии. Протекает по территории России и границе России и Китая. Длина — 2 824 км (от слияния Шилки и Аргуни). Впадает в Охотское море или Японское море.

(6) **Самое-самое в России**

①Самое глубокое море у берегов России — Берингово (максимальная глубина — 5 500 м).

②Самое мелкое море у берегов России — Азовское (максимальная глубина — 15 м).

③Самое холодное море России — Восточно-Сибирское.

④Самый большой полуостров России — Таймыр (площадь — 400 тыс. кв. км).

⑤Самый большой остров России — Сахалин (площадь — 76,4 тыс. кв. км).

⑥Самая большая равнина России — Восточно-Европейская (площадь — более 4 млн кв. км).

⑦Самая длинная горная система России — Урал (более 2 000 км).

⑧Самая высокая вершина России — г. Эльбрус на Кавказе (5 642 м).

⑨Самое глубокое озеро России — Байкал (максимальная глубина — 1 620 м).

⑩Самая длинная река России — Обь с Иртышом (общая длина — 5 410 км).

⑪Самая низкая температура воздуха зафиксирована в Оймяконе (Якутия) — −73 ℃.

⑫Самое распространённое хвойное дерево России — лиственница.

⑬Самое распространённое лиственное дерево России — берёза. В России растёт 40 видов берёз. Берёза стала символом России.

知识链接

俄罗斯国旗、国徽简介

国旗 俄罗斯联邦的国旗采用传统的泛斯拉夫色，旗面由三个平行且相等的横长方形组成，由上到下依次是白、蓝、红三色，长与宽之比为3∶2。旗帜中的白色代表寒带一年四季的白雪茫茫；蓝色代表亚寒带，又象征俄罗斯丰富的地下矿藏和森林、水力等自然资源；红色是温带的标志，也象征俄罗斯历史的悠久和对人类文明的贡献。三色的排列显示了俄罗斯幅员的辽阔。另一方面，白色又是真理的象征，蓝色代表了纯洁与忠诚，红色则是美好和勇敢的标志。

国徽 俄罗斯国徽为盾徽。1993年11月30日，俄决定采用十月革命前伊凡雷帝时代的、以双头鹰为图案的国徽。红色盾面上有一只金色的双头鹰，鹰头上是彼得大帝的三顶皇冠，鹰爪抓着象征皇权的权杖和金球。鹰胸前是一个小盾形，上面是一名骑士和一匹银色的马。双头鹰一头望着西方，另一头望着东方，象征着两块大陆间的统一以及各民族的联合。

俄罗斯联邦体制简介

俄罗斯是共和制的民主联邦法治国家，实行总统制的国家领导体制。以俄罗斯联邦宪法和法律为基础，根据资产阶级立法、司法、行政三权分立又相互制约、相互平衡的原则行使职能。总统是国家元首。2008年修宪总统任期改为6年，由人民直选产生。总统拥有相当大的行政权力，有权任命包括总理在内的高级官员，但必须经国家杜马批准。

俄罗斯联邦政府是国家权力执行机关。联邦政府由联邦政府总理、副总理和联邦部长组成。宪法还规定，各联邦主体（共和国、边疆区、州、自治州和自治区、联邦直辖市）的权利、地位平等。

俄罗斯议会正式名称为俄罗斯联邦会议。根据俄宪法，俄罗斯联邦会议是俄罗斯联邦的代表与立法机关。联邦会议采用两院制，上议院称联邦委员会，下议院称国家杜马。联邦委员会（上议院）由俄罗斯联邦诸联邦主体各派两名代表组成：一名来自国家代表权力机关，一名来自国家执行权力机关。联邦委员会的主要职能是批准联邦法律、联邦主体边界变更、总统关于战争状态和紧急状态的命令，决定在境外使用武装力量、总统选举及卸任等。国家杜马（下议院）的职权是同意总统对总理的任命、决定对政府的信任问题、任免审计院主席及半数审计员、实行大赦、提出罢免俄罗斯联邦总统的指控、通过联邦法律。

Контрольная работа

1. Государственный флаг РФ — это ____________.

2. Действующий президент РФ — это ____________.

3. Столица РФ — это ____________.

4. По площади самая большая страна мира — это ____________. Её площадь — ____________ кв. км.

5. РФ находится в двух частях света: ____________ и ____________.

6. Русские называют реку ____________ «матушка».

7. На большом Кавказе находится самая высокая гора России — это ____________.

8. Граница между Европой и Азией — это ____________ (горы).

9. С востока территория страны омывается тремя морями Тихого океана. Эти три моря: ____________, ____________, ____________.

10. Самое крупное озеро в мире — это ____________.

11. «Жемчужина Сибири», самое глубокое озеро в мире — это ____________.

12. Государственный герб РФ — это ____________.

13. РФ граничит с 14 странами, например: ____________, ____________, ____________, ____________, ____________.

14. «Дорога жизни», самое крупное озеро в Европе — это ____________.

15. Самая длинная река России — это ____________.

16. В Российской Федерации проживают ____________ народности.

17. Два главных мегаполиса страны — ____________, ____________.

18. Среди религиозных конфессий самой многочисленной является ____________.

19. Главные нефтяные базы в России:

____.

20. Главные угольные бассейны в России:

____.

21. Территория России делится на ____________ экономических районов.

22. Численность населения России ____________ человек.

23. Федеральное Собрание состоит из ____________, ____________.

24. Напишите названия равнин, известных рек, озёр и гор России.

Равнины: ____

Реки: ____

Озёра: ____

Горы: ____

1

РАЗДЕЛ 2 РУССКАЯ ИСТОРИЯ
第二单元 俄罗斯历史

2.1 ДИНАСТИЯ РЮРИКОВИЧЕЙ
留里克王朝

2.1.1 Древнерусский период русской истории Ⅳ－Ⅻ веков
4—12 世纪俄罗斯历史中的古罗斯时期

Текст

Славяне и Восточные славяне

История России ведёт своё начало с расселения славян по территории восточной Европы. По своему языку славяне относятся к большой семье индоевропейских языков. Первоначальная русская летопись «Повесть временных лет», составителями которой являются монахи Нестор и Сильвестр, жившие во второй половине Ⅺ－начале Ⅻ века, пользовались более древними письменными источниками и преданиями.

В Ⅳ－Ⅵ веках, в связи с «великим переселением народов» славянская общность распадается, и выделяются восточные славяне — будущие белорусский, украинский и русский народы. К этому времени относится возникновение крупных союзов племён восточных славян. Славяне занимают территории по реке Днепр и прилегающим рекам и озёрам.

Основу хозяйства славян составляли земледелие и скотоводство. Мужчины занимались также охотой, рыбной ловлей, бортничеством, женщины умели прясть шерсть и выращивать лён. Славяне жили оседло.

Образование древнерусского государства

Образование государства у восточных славян завершилось примерно в Ⅸ веке созданием города-государства Киевской Руси. Причинами образования государства были:

1) возникновение частной собственности на землю и другие материальные блага; 2) замена родовой общины соседской (территориальной) общиной; 3) выделение из среды общинников зажиточной верхушки; 4) закрепление власти в руках родовой знати; 5) опасность грабительских нападений со стороны соседних племён; 6) открытие великого торгового пути «из варяг в греки».

К VIII веку появилась первая форма государственности — племенное княжение — военная демократия, при которой власть князя, опиравшаяся на дружину, ограничивалась народным собранием (вече). Первая русская летопись «Повесть временных лет» утверждает, что русская княжеская династия берёт своё начало в Новгороде. В 862 году новгородцы, чтобы прекратить ссоры между собой, пригласили на Русь отряд варяжских воинов во главе с князем Рюриком, который и стал основателем династии Рюриковичей.

Рюрик

Датой образования Древнерусского государства принято считать 882 год. В это время князь Олег, захватив власть в Новгороде, совершил поход на Киев. Он впервые объединил северные и южные земли славян в единое государство. Столицей стал Киев, и поэтому государство стали называть Киевская Русь.

Древнерусское государство было раннефеодальной монархией во главе с киевским великим князем. Отдельными землями страны управляли родственники князя (чаще всего, взрослые сыновья). Важное место в руководстве занимал совет при великом князе — боярская дума, в которую входили младшие князья, бояре и дружинники.

Первый свод государственных законов Киевской Руси — «Русская правда» даёт характеристику феодальных отношений (штрафы в защиту жизни и имущества феодалов), определяет положение феодально-зависимых людей, обязательное и наследственное право и другие законы. Этот памятник свидетельствует о довольно высоком уровне развития в Киевской Руси денежного хозяйства, торговли, купеческого и ростовщического капитала, городской жизни.

Для первых киевских князей была характерна политика объединения восточнославянских земель и организация отпора нападениям кочевых народов. После гибели князя Игоря в 945 году, власть перешла к его сыну Святославу (945–972 гг.). Он всю свою жизнь провёл в непрерывных военных походах, и поэтому фактической правительницей Киевской Руси до 969 года была его мать — великая княгиня Ольга. В княжение Владимира Святославича (978–1015 гг.) политическое единство восточнославянских земель было подкреплено духовным единством. В 988 году Русь принимает христианство восточно- византийского толка в качестве государственной религии. Владимир I вошёл в русскую историю как первый великий реформатор.

Своего расцвета Киевская Русь достигает при Ярославе Мудром (1019–1054 гг.). Этот князь много сделал для Руси. Он проводил удачную внешнюю политику. Во внутренней политике способствовал распространению христианства, торговле, формированию правовой системы (сборник законов «Русская правда»). При Ярославе Мудром открыто много школ, библиотек, были установлены дипломатические связи с европейскими государствами. Киевская Русь стала одним из сильнейших государств Европы.

Ярослав Мудрый

Новые слова и выражения

вести́ нача́ло 起源于

расселе́ние 迁移

славяни́н 斯拉夫人

ле́топись «По́весть вре́менных лет» 编年史《往年纪事》

составѝтель 编纂者

мона́х 修士，僧侣

пи́сьменный 记录的

преда́ние 故事，传说

переселе́ние 迁徙

о́бщность 共同体；一致性

пле́мя 部落

прилега́ющий 紧邻的

скотово́дство 畜牧业

бо́ртничество 养蜂业

прясть шерсть 纺线

выра́щивать лён 种亚麻

жить осе́дло 定居

ча́стная со́бственность 私有制

материа́льные бла́га 物质财富，福利

родова́я общи́на 氏族村社

верху́шка (社会的)上层人士

родова́я знать 世袭贵族

граби́тельское нападе́ние 掠夺性的侵袭

торго́вый путь «из варя́г в гре́ки» 瓦希商路

племенно́е княже́ние 部落统治

демокра́тия 民主制

князь 大公

дружи́на (古罗斯大公的)侍从，卫队

ве́че 市民大会(古罗斯某些城市的最高权力机关)

отря́д варя́жских во́инов 一支瓦良格军队

Рю́рик 留里克

дина́стия Рю́риковичей 留里克王朝

да́та 日期

древнеру́сский 古罗斯的

при́нято 通常

похо́д 出征

Ки́евская Русь 基辅罗斯

раннефеода́льная мона́рхия 早期封建君主制

боя́рская ду́ма 波雅尔杜马

боя́рин 贵族

дружи́нник (古罗斯诸侯的)亲兵部队的官兵

свод «Ру́сская пра́вда» 法律汇编《罗斯法典》

штраф 罚款

феода́л 封建主

насле́дственное пра́во 继承权

па́мятник 古物;纪念碑

свиде́тельствовать 证实,证明

де́нежное хозя́йство 货币经济

купе́ческий капита́л 商人资本

ростовщи́ческий капита́л 高利贷资本

отпо́р 反击

кочево́й наро́д 游牧民族

подкрепи́ть 加固,加强

толк 教派

Яросла́в Му́дрый 智者雅罗斯拉夫

斯拉夫人和东斯拉夫人

俄罗斯的历史悠久,其起源可追溯至斯拉夫人定居东欧的时期。斯拉夫人的语言属于印欧语系。俄罗斯历史上第一部编年史《往年纪事》由生活在11世纪下半叶到12世纪初的僧侣涅斯托尔和西尔维斯特编纂,他们借鉴了更为古老的文献资料和传说。

在4—6世纪,由于"民族大迁徙",斯拉夫共同体发生瓦解,东斯拉夫人,即未来的白俄罗斯、乌克兰和俄罗斯民族逐渐形成。在此期间,东斯拉夫部落主要联盟逐渐显现,斯拉夫人控制了第聂伯河以及周边的河流和湖泊。

斯拉夫人的经济基础主要建立在农业和畜牧业之上,男性从事狩猎、捕鱼、养蜂等活动,女性则擅长纺织和种植亚麻。斯拉夫人定居了。

古罗斯国家的形成

东斯拉夫国家在大约公元9世纪得以形成,建立了基辅罗斯公国。形成国家的原因包括:1)土地私有制及物质财富的涌现;2)邻里(地方)公社取代氏族公社;3)公社内部出现富裕的上层人物;4)世袭贵族权力得以巩固;5)邻近部落的掠夺性攻击威胁;6)"瓦希商路"的开通。

8世纪,罗斯国家最初形态,即部落统治诞生,这是一种军事民主,大公的统治主要依赖亲兵队,其统治受制于部落会议(谓彻)。据俄罗斯第一部编年史《往年纪事》记载,罗斯王朝起源于诺夫哥罗德。862年,为停止内乱,诺夫哥罗德人邀请留里克率领的瓦良格士兵进驻罗斯。此后,留里克成为留里克王朝的奠基人。

古罗斯王国的成立日期普遍认为是在882年,此时,奥列格大公掌控了诺夫哥罗德的政权后,进军基辅。他首次将北部和南部斯拉夫人的土地统一成一个国家,首都设在基辅,因此国家被称为基辅罗斯。

古罗斯王国是由基辅大公领导的早期封建君主制国家。部分国土由大公的亲属(通常是成年儿子)统治。领导层中,大公下设的波雅尔杜马委员会占据重要地位,包括年轻王子、贵族和亲兵。

基辅罗斯第一部国家法律汇编——《罗斯法典》说明了封建关系(对威胁封建主生命和财产的处以罚款),明确了被压迫人民的封建依附地位、义务和继承法等其他法律。这部具有里程碑意义

的法典见证了基辅罗斯货币经济、贸易、商人和高利贷资本以及城市生活的相当高的发展水平。

早期基辅大公的特点在于统一东斯拉夫领土及抵抗游牧民族的侵略。伊戈尔大公于945年逝世后，权力传给了他的儿子斯维亚托斯拉夫（945—972年在位）。他一生都在不断的军事行动中度过，因此直至969年，基辅罗斯的实际统治者是他的母亲——大公夫人奥尔加。在弗拉基米尔·斯维亚托斯拉维奇（978—1015年在位）统治时期，东斯拉夫国家依靠精神统一巩固了政治统一。988年，罗斯接纳东拜占庭基督教为国教，弗拉基米尔一世作为首位伟大的改革者而被载入俄罗斯史册。

在智者雅罗斯拉夫（1019—1054年在位）的统治下，基辅罗斯步入全盛时期。智者雅罗斯拉夫大公为罗斯做出了众多贡献。他实施了一系列成功的外交政策，内部政策推动基督教的传播、贸易的发展以及法律制度的建立（如法律汇编《罗斯法典》）。在他的统治下，众多学校和图书馆应运而生，与欧洲国家建立了外交关系。基辅罗斯成为欧洲最具实力的国家之一。

Упражнения и задания

Ответьте на вопросы.

1）Какую территорию занимали первые поселения славян? Какие современные народы относятся к восточнославянскому этносу?

2）Назовите причины, приведшие к образованию Древнерусского государства.

3）Выделите этапы образования Древнерусского государства.

4）Каково значение принятия христианства для Киевской Руси? Почему Владимира I называют великим реформатором?

5）Почему киевского князя Ярослава Владимировича прозвали Мудрым?

知识链接

俄国历史发展的总体脉络

俄罗斯是个以斯拉夫为主体民族的多民族国家，国家大体发展顺序为：

基辅罗斯—钦察（金帐）汗国（蒙古）—莫斯科大公国—沙皇俄国—俄罗斯帝国—苏联—俄罗斯联邦。

基辅罗斯

基辅罗斯又称古罗斯，或罗斯国，是9世纪中叶到12世纪初在东欧平原上建立的以基辅为首都的早期封建国家。

建立和发展

8—9 世纪，东斯拉夫人社会阶级分化日益扩大，各部落之间互相攻伐，战争不断，客观上要求建立国家组织，以维持社会秩序。在这样的形势下，掌握武装的瓦良格人军事首领被东斯拉夫人新兴贵族推上历史舞台。862 年瓦良格人留里克率领亲兵队在诺夫哥罗德登上王公宝座。俄罗斯史上第一个王朝——留里克王朝开始。879 年留里克去世，奥列格继任王公，率领亲兵队沿“瓦希商路”（从瓦良格到希腊的路）南征，占领斯摩棱斯克和波洛茨克等战略要地。882 年占领第聂伯河中游的基辅城，把罗斯国的首都迁到基辅，开始了基辅罗斯公国时期。882—911 年奥列格又征服了周围的斯拉夫人各部落公国和非斯拉夫人部落，形成以东斯拉夫人为主体的国家。与拜占庭的贸易关系对基辅罗斯初期的统治者来说是利害攸关的大事。在奥列格（879—912 年）、伊戈尔（912—945 年）、奥尔加（945—969 年）和斯维亚托斯拉夫一世（969—972 年）四任公爵在位期间，他们多次进攻君士坦丁堡，迫使拜占庭签订了 4 个商业性条约（907 年、911 年、944 年、972 年），保障了罗斯人在拜占庭的商业权益。972 年斯维亚托斯拉夫在撤兵返回罗斯途中遭佩切涅格人伏击身亡。斯维亚托斯拉夫的幼子弗拉基米尔一世统治时期（978—1015 年），罗斯国达到鼎盛，成为东欧强国。弗拉基米尔一世娶拜占庭公主安娜为妻，并于 988—989 年宣布基督教为国教，强令全体居民接受希腊正教神父的洗礼，促进了基督教文化在罗斯的发展。

封建化进程和经济的发展

基辅地区的东斯拉夫人很早就经营农业。随着封建关系的发展，新兴贵族成为封建田庄的经营者。从 10 世纪中叶起瓦良格人出身的王公和亲兵队也开始经营土地，建立起封建田庄。在智者雅罗斯拉夫统治时期（1019—1054 年）封建大土地所有制有所发展，剥削日益加重，国内阶级斗争日趋激烈。农民犁去领主的田界、杀死王公贵族的管家、焚烧主人的田庄等反抗斗争不断发生。为保护封建主阶级的利益，雅罗斯拉夫于 11 世纪编修《罗斯法典》（又称《雅罗斯拉夫法典》），规定对于破坏田界、盗窃牲畜、纵火焚烧田庄者都要处以罚金，或抄家没收财产，或全家驱逐出境，或没身为奴，等等。

基辅罗斯的城市出现得较早，手工业和商业有所发展。最古老的城市有诺夫哥罗德、基辅、切尔尼戈夫、佩列亚斯拉夫利、斯摩棱斯克、波洛茨克、普斯科夫等。首都基辅不仅是罗斯的政治、经济中心，而且建有拜占庭式的索菲亚大教堂和世界闻名的彼舍拉修道院，形成罗斯的文化中心。手工业有冶铁、金属加工、武器制造、制革、制陶等。第聂伯河和伏尔加河是罗斯内外贸易的重要商路。基辅罗斯与拜占庭、西欧北欧各国、东方阿拉伯各国有着频繁的贸易关系。输出商品有毛皮、蜂蜜、蜂蜡、亚麻等。输入商品多系贵重织物、有色金属、香料、药材等。国家定期向城市征收“赋税”。

国家的分裂

雅罗斯拉夫死后，他的 3 个儿子共同执政，罗斯的封建关系又有所发展。封建主不仅直接剥削家奴，而且开始剥削依附农民，向他们征收实物，导致城乡人民反封建起义不断发生。随着各地大贵族势力的增强及地方自然经济的发展，统一的国家政权日趋瓦解，逐渐分裂为许多独立的地方公国。12 世纪初，弗拉基米尔·莫诺马赫（1113—1125 年在位）曾企图恢复基辅罗斯的统一，但未能实现。12 世纪 30 年代以后，统一的罗斯国家已不复存在，罗斯历史进入封建割据时期。13 世纪初臣服于蒙古钦察汗国。1478 年被莫斯科公国所灭。

2.1.2 Русские земли в XII–XIII веках
12—13 世纪的罗斯国家

Текст

Феодальная раздробленность на Руси

Время политического единства Киевской Руси было непродолжительным. В XII веке на Руси начинается период феодальной раздробленности. Единая Русь разделяется на отдельные княжества, которые проводят самостоятельную политику, между ними часто возникают вооружённые конфликты.

Основными причинами феодальной раздробленности были: 1) натуральное хозяйство, экономическая самостоятельность русских земель; 2) усиление политической власти местных князей и бояр, их независимость от власти киевского князя; 3) рост и укрепление городов как местных центров хозяйственной и политической жизни.

На территории Киевской Руси сформировалось три наиболее крупных княжества-государства: Владимиро-Суздальское княжество (Северо-Восточная Русь), Галицко-Волынское княжество (Юго-Западная Русь) и Новгородская земля (Северо-Западная Русь). Киев полностью утратил общерусское значение столицы. Каждое из образовавшихся княжеств имело свои особенности. Так, например, в политическом отношении Владимиро-Суздальское княжество и большинство других княжеств были княжествами-монархиями. Ими управлял князь. Во Владимиро-Суздальском княжестве известными князьями были: Юрий Долгорукий, Андрей Боголюбский, Всеволод Большое Гнездо. Под 1147 годом в летописи впервые упоминается Москва, пока ещё небольшой пограничный город на территории Владимиро-Суздальского княжества. В Новгородской земле сложился особый политический строй — феодальная республика. Высшим органом власти считалось городское вечевое собрание (вече). Князь с дружиной были необходимы для защиты от врагов и подавления выступлений крестьян. Новгородская земля богатела за счёт внешней торговли, этому способствовало выгодное географическое положение Новгорода, близость к Балтийскому морю. Феодальная раздробленность ослабляла обороноспособность Руси. Закономерный процесс перехода от феодальной раздробленности к централизованному государству был прерван нашествием иноземных захватчиков.

Борьба Руси с иноземными захватчиками

В начале XIII века в Центральной Азии образовалось государство монголо-татар. Главным в нём был Чингисхан (великий хан). Зимой 1237 года войска хана Батыя вторглись в русские земли. Первым их встретило Рязанское княжество. Через 6 дней монголо- татары захватили Рязань, все жители этого города были убиты. Затем монголо-татары захватили Москву, Владимир, Киев и другие города. Русские города сражались изолированно, не оказывали друг другу помощи.

Захватив Русь, хан Батый отправился в Европу, которая также как и Русь переживала период феодальной раздробленности, была слабой в военном отношении. Хан Батый дошёл до границ Северной Италии и Германии, но, боясь активного военного сопротивления на Руси, возвращается на восток. В низовьях Волги монголо-татары основали своё государство Золотую Орду (1243 г.).

На Руси началось долгое монголо-татарское иго. Всё русское население было переписано и обязано платить дань, разрушено больше половины русских городов, исчезли многие виды ремёсел, а ремесленников уводили в плен, было много человеческих жертв. Русь сохранила территориальную самостоятельность, но русские князья должны были получать разрешение на княжение у монголо-татарских ханов. Сократилась внутренняя и внешняя торговля. Русь, защитив Европу, была надолго отделена от неё.

Положение Руси осложнялось наступлением с северо-запада немцев и шведов на новгородские и псковские земли (куда не дошли монголо-татары). Походы немцев и шведов были организованы католической церковью с целью захвата земель и распространения католической веры. В 1240 году произошла Невская битва, в которой в борьбе против врагов отличился князь Александр Ярославович, получивший впоследствии прозвище «Невский». Новгород сохранил за собой выход в Балтийское море. В 1242 году состоялось знаменитое Ледовое побоище, которое окончательно остановило агрессию на северо-западные земли Руси.

В период феодальной раздробленности и борьбы с иноземными захватчиками постепенно складываются предпосылки для централизации отдельных русских земель.

Новые слова и выражения

феода́льная раздро́бленность 封建割据
разделя́ться 分裂
конфли́кт 冲突
натура́льное хозя́йство 自然经济（指物物交换）
кня́жество-госуда́рство 公国
утра́тить 失去
Юрий Долгору́кий 长手尤里
упомина́ться 提及
пограни́чный го́род 边境城市
полити́ческий строй 政治制度
за счёт 依靠
ослабля́ть обороноспосо́бность 减弱防御能力

перехо́д от феода́льной раздро́бленности к централизо́ванному госуда́рству 由封建割据向中央集权国家过渡

наше́ствие 入侵

иноз́емный захва́тчик 外国侵略者

монго́ло-тата́ры 蒙古鞑靼人

Чингисха́н 成吉思汗

Баты́й 拔都

вто́ргнуться 攻入

изоли́рованный 孤立的

сопротивле́ние 抵抗

низо́вье Во́лги 伏尔加河下游地区

Золота́я Орда́ 金帐汗国

и́го 桎梏

дань 贡赋

осложня́ться 复杂;加剧

про́звище 绰号

вы́ход в Балти́йское мо́ре 波罗的海出海口

Ледо́вое побо́ище 冰湖之战

скла́дываться 形成

предпосы́лка 前提,先决条件

централиза́ция 统一,集中

罗斯的封建割据局面

基辅罗斯的政治统一昙花一现。12 世纪,国家步入封建割据阶段。统一的罗斯分解为诸多独立公国,它们各自推行独立政策,频繁爆发武力冲突。

封建割据的根本原因在于:1)各小国具备自给自足的自然经济;2)地方大公及贵族政治权力逐步强化,他们不依附于基辅大公的权力;3)城市作为地方经济和政治生活中心持续壮大。

基辅罗斯领土上形成了三大公国:弗拉基米尔-苏兹达利公国(位于罗斯东北部),加利西亚-沃伦公国(位于罗斯西南部),以及诺夫哥罗德公国(位于罗斯西北部)。基辅彻底丧失了罗斯首都的意义。各公国独具特色,如弗拉基米尔-苏兹达利公国和大多数其他公国在政治方面实行君主制,由大公统治。著名的弗拉基米尔-苏兹达利公国大公包括长手尤里、安德烈·博戈柳布斯基和弗谢沃洛德·大窝。1147 年,莫斯科首次出现在编年史中,当时仅为弗拉基米尔-苏兹达利公国的一个边陲小镇。诺夫哥罗德公国创立了特殊的政治制度——封建共和国,人民会议(谓彻)为最高权力机构。大公及亲兵队是防御外敌与镇压农民的关键。得益于诺夫哥罗德毗邻波罗的海的优越地理位置,外贸发展迅速,公国财富积累壮大。然而,封建割据导致罗斯防御能力削弱。从封建割据向中央集权国家过渡的合理过程被外国侵略者的入侵打断。

罗斯抵御外敌入侵

13 世纪初,蒙古鞑靼国家在中亚地区崛起,成吉思汗(大汗)为统治核心。1237 年冬季,拔都汗的军队侵入罗斯领土,首先遭遇梁赞公国的抵抗。六天后,蒙古鞑靼人攻克梁赞,城内所有居民遭受屠杀。随后,蒙古鞑靼人占领莫斯科、弗拉基米尔、基辅等城市。罗斯各城市孤立奋战,没有相互支援。

拔都汗占领罗斯后,挥师欧洲。和罗斯一样,欧洲亦处于封建割据时期,军事力量薄弱。拔都汗抵达意大利北部和德国边境,但担忧罗斯积极抵抗,遂返回东方。在伏尔加河下游,蒙古鞑

靼人建立了自己的金帐汗国(1243 年)。

罗斯从此陷入漫长的蒙古鞑靼桎梏。全体罗斯人均被登记在册,被迫纳贡。超过一半的罗斯城市被摧毁,许多手工业消失,工匠被俘,民众死伤无数。罗斯虽保留领土独立,但罗斯大公需获得蒙古鞑靼可汗的统治许可。内外贸易锐减,使罗斯在保卫欧洲的同时,却与其长期隔离。

此外,德国人和瑞典人从西北方向进攻诺夫哥罗德和普斯科夫公国(蒙古鞑靼人未及之地),罗斯的局势变得更加复杂。德国人和瑞典人的这一行动由天主教会组织,旨在夺取土地及传播天主教信仰。1240 年,涅瓦河会战爆发,亚历山大 · 雅罗斯拉维奇大公在对抗敌人的战斗中表现突出,后来获封"涅瓦王"称号。诺夫哥罗德得以保留通往波罗的海的通道。1242 年,著名的冰湖之战爆发,成功阻止了对罗斯西北部土地的侵略。

在封建割据时期及抵御外敌入侵的过程中,各独立公国实现统一的基础条件逐步形成。

Упражнения и задания

Ответьте на вопросы.

1) Каковы причины феодальной раздробленности Руси?

2) Назовите и покажите на карте главные русские княжества периода феодальной раздробленности. Охарактеризуйте их.

3) Почему войско монголо-татар быстро завоевало Русь?

4) В чём выражалась зависимость Руси от монголо-татар?

5) Какие события происходили на северо-западе Руси в XIII веке?

知识链接

蒙古金帐汗国对罗斯的统治和莫斯科公国的崛起

公元 11 世纪中期,基辅罗斯逐渐走向没落。到了 12 世纪,国家已经分裂成许多独立的公国。西北部的日耳曼人组成的"佩剑骑士团"和"条顿骑士团"以及立陶宛多次进犯基辅罗斯的西部,黑海地区的游牧民族波洛夫齐人威胁基辅罗斯的南部。而更大的威胁则来自东方的游牧民族——蒙古鞑靼人。13 世纪时,成吉思汗建立的蒙古铁骑四处开拓,所到之处,战无不胜,并很快就进攻到了基辅罗斯的土地上。由于基辅罗斯内部的分裂,各个小公国忙于内部的争权夺利,无力抵御蒙古军队的入侵。到了 1240 年,基辅罗斯的都城——基辅就被蒙古军攻克了。拔都在原基辅罗斯的领土上建立了金帐汗国(又称钦察汗国),定都萨莱。从此,东斯拉夫民族开始了长达 200 多年的蒙古鞑靼的统治时代。

金帐汗国每年向各地的罗斯人征收重税。历代的金帐大汗对于东斯拉夫人采取两手统治策略,一方面坚决镇压一切反抗和争取独立的举动,而另一方面又采取怀柔和安抚政策,保留了各个小公国王公的特权和地位,要求他们效忠金帐汗的统治。他们只有从金帐汗那里取得"册封书",才得以在其公国内继续行使统治权,但是每年必须向金帐汗缴纳大量的贡赋和战时无条件提供兵员及辎重。为了分化罗斯人和便于对罗斯人各部的统治,金帐汗国从罗斯的王公中间选择一人,将他册封为"弗拉基米尔及全罗斯大公",授权他代替金帐汗国统治罗斯各部,下令让罗斯人服从大公的统治。

在蒙古统治时代,地域偏远、拥有茂密的森林和稠密的河道以及大量的人口逃难到这里等诸多有利条件极大促进了东北罗斯的迅速发展,使得东北罗斯成为罗斯民族的政治、经济、文化中心。14 世纪的东北罗斯仍然处于割据状态,弗拉基米尔大公国分裂成许多大小不等的公国,为了抵御金帐汗国和立陶宛军队的进攻,东北罗斯各个公国逐渐联合起来。公元 15 世纪后,东北罗斯社会经济继续发展,为统一罗斯建立了前提条件。从 14 世纪中期开始金帐汗国改变了对东北罗斯的策略。为了分化东北罗斯的抵抗力量,金帐汗国在东北罗斯中刻意扶植了特维尔公国和莫斯科公国,并从中挑起两公国之间长期的冲突。

莫斯科公国最初也并不是东北罗斯最强的国家,但由于它处于极其重要的交通枢纽上,以及金帐汗国的扶植,使他在较短的时间内发展起来。14 世纪 60 年代,莫斯科已经发展成一座人口过万的大都市,成为一座拥有众多工商人口和众多领主、僧侣及各种仆役的城市,城内耸立起第一批石头建筑物,全城生意兴隆,做买卖,办理外交事务、军务和为王公服务的各种人汇聚于此。

伊凡·卡里达是一个善于翻云覆雨的罗斯王公,为了达到自己的目的,可以不择手段。此人非常贪婪,他善于利用手中的权力,巧取豪夺、聚财敛金以扩充自己的腰包和莫斯科的国库,因此他获得了"钱袋"的绰号。他拜金帐汗为父,将大量的黄金和珠宝贡献给金帐汗,以博得其信任。同时还派出大量人员,定期游说于金帐汗的妻妾和子女之间,秘密送他们金银财宝,以便让他们影响金帐汗。他还用巨额钱财在莫斯科为俄罗斯的东正教大主教修建豪华的驻节地——大主教公署,使得罗斯希腊正教大主教彼得于 1325 年将大主教公署迁至莫斯科,使莫斯科公国成为罗斯人的信仰和精神中心,从而获得了东正教会强有力的支持,东正教会为莫斯科大公大肆鼓噪,从而为莫斯科在未来领导东北罗斯各公国增添了神圣的光环。1327 年,莫斯科公国的邻国——特维尔公国发生了反抗金帐汗国统治的起义,伊凡·卡里达大公主动向金帐汗请命镇压特维尔,一举消灭了自己有力的竞争对手。1328 年,伊凡·卡里达获得了金帐汗册封的"弗拉基米尔及全罗斯大公"的称号,同时被授权代理金帐汗国征收全罗斯的贡赋,从此他成为众罗斯大公中的第一人。

这样,伊凡一方面可以堂而皇之地以平定叛乱为名兼并罗斯的土地,另一方面可以利用职权截留大量贡赋为自己所用。伊凡统治时期,莫斯科公国的版图大大增加,其经济和军事力量也达到了顶峰,使金帐汗国对其不敢小视。

2.1.3 Образование Российского централизованного государства
建立俄罗斯中央集权国家

Текст

Москва — центр объединения русских земель

На рубеже XIV – XV веков центром национального объединения Руси стало Московское княжество. Москва была небольшим городом на территории Владимиро-Суздальского княжества. Постепенно Москва становится столицей. Возвышению Москвы способствовало несколько причин: выгодное географическое положение (на пересечении торговых путей); Москве оказывает поддержку церковь; мудрая политика московских князей.

Известным московским князем был Иван Калита (денежный мешок) (Иван I). Он, путём хитрости, используя деньги, значительно расширил территорию Московского княжества, укрепил его.

Большую роль в процессе возвышения Москвы сыграла Куликовская битва. Она произошла 8 сентября 1380 года на Куликовом поле на Дону под командованием князя Дмитрия. Впервые русские одержали победу над монголо-татарами. Русские поняли, что монголо-татар можно победить. Но это была моральная победа, потому что иго (выплата дани) ещё сохранялось. Главный урок — врагов можно победить только объединившись. Дмитрий Иванович после Куликовской битвы получил прозвище Донской.

Образование единого государства и Иван III

Иван III (1462 – 1505 гг.) продолжал политику объединения земель вокруг Москвы и борьбу с монголо-татарами. Одной из главных причин образования централизованного государства была необходимость борьбы с внешним врагом, но были и другие экономические и политические причины. При Иване III к Москве были присоединены земли Ярославского, Тверского княжеств, Вятской и Новгородской земель. Особенно трудным было присоединение Новгорода, т. к. новгородцы не хотели терять свою самостоятельность. К концу XV века образовавшееся Российское государство было в шесть раз больше Московского княжества.

Иван III

Государство монголо-татар — Золотая Орда за это время сильно ослабло из-за вражды ханов. Князь Иван III перестал платить дань Орде. Осенью 1480 года хан Ахмат с большим войском двинулся к Москве. У реки Угры он был остановлен русским войском. Противники расположились по разным берегам реки, к русскому войску постоянно подходила помощь. Хан Ахмат не решился на битву и повернул обратно в Орду. Так закончилось более чем двухсотлетнее монголо-татарское иго. События на реке Угре получили название «стояние на реке Угре», используется в речи как устойчивое словосочетание.

Постепенно складывается единое государственное управление. Иван Ⅲ принимает титул «великого князя всея Руси». Высшим органом власти стала Боярская Дума. Это совет при князе, совещательный орган государственной власти. Политический строй Российского государства характеризуется как самодержавие (сам держать), власть единоначалья.

В 1497 году был принят Судебник — сборник законов, которые действовали на территории всей России, закреплял юридически права князей и бояр как высшего сословия и ограничивал переход крестьян от одного хозяина к другому. Это можно было сделать только один раз в год 26 ноября (Юрьев день). В России начала складываться система крепостного права.

Было создано единое московское войско из дворян-помещиков и их крестьян. Количество дворян-помещиков увеличивается за счёт привлечения Иваном Ⅲ незнатных, но верных ему людей и наделения их землёй.

При Иване Ⅲ перестроили Московский Кремль, ввели герб с двуглавым орлом. Москва осознаёт себя наследницей Византии. Русское государство стало называться Россией. Это было независимое, сильное, многонациональное государство. Россию этого периода часто называют Ⅲ Рим.

Правление Ивана Грозного

Иван Ⅳ (1533 – 1584 гг.) Грозный стал наследником власти в трёхлетнем возрасте, фактически правила его мать. Он рано потерял родителей, обладал жестоким характером. В 1547 году Иван Ⅳ был назван царём, он венчался на царство. Повышался авторитет Ивана Ⅳ, титул царя приравнивался к титулу императора. Принятием титула царя официально утверждался самодержавный характер власти уже не московского, а российского царя.

Иван Ⅳ

При Иване Ⅳ была создана Избранная Рада — правительство из наиболее близких царю людей. В 1549 году был создан первый Земский собор — собрание представителей разных сословий и земель всей России. Земские соборы действовали больше ста лет. Это было время существования в России сословно-представительной монархии.

В 1550 году был принят новый судебник, Иван Ⅳ провёл реорганизацию войска, для управления страной были использованы приказы [Посольский или дипломатический для связей с другими государствами, Разбойный (юридический) занимался судебными делами и т. д.]. Много внимания уделялось вопросам церкви и религии.

Иван Ⅳ проводит активную внешнюю политику. За время его правления в состав России вошли земли Казанского, Астраханского ханств, присоединяются земли Сибири, Поволжья. Началась война за выход в Балтийское море (Ливонская война 1558–1583 гг.), закончившаяся неудачно для России.

В 1565 году Иван Ⅳ резко меняет внутреннюю политику. Он вводит опричнину — особую политику для утверждения своей личной власти. Опричнина сопровождалась массовыми казнями, террором. Через некоторое время Иван Грозный запретил даже произносить слово «опричнина».

После смерти Ивана Ⅳ Россия находилась в состоянии экономического и политического кризиса. Оценки правления Ивана Грозного, его личности очень противоречивы.

Новые слова и выражения

объедине́ние 统一
возвыше́ние 提高;突起
на пересече́нии 交界处
ока́зывать подде́ржку 支持,支援
Ива́н Калита́ 伊凡·卡里达
значи́тельно 大幅,大大
расши́рить 扩大
Кулико́вская би́тва 库利科沃会战
одержа́ть побе́ду 获胜
уро́к 经验;教训
вне́шний 外部的,对外的
вражда́ 仇恨;敌对
река́ Угра́ 乌格拉河
стоя́ние на реке́ Угре́ 乌格拉河对峙
ти́тул 爵位,封号
совеща́тельный о́рган 咨询机构
самодержа́вие 专制制度,君主专制
единонача́лие 一长制
суде́бник 法典
Юрьев день 尤里日
систе́ма крепостно́го пра́ва 农奴制
незна́тный 无知的
гро́зный 可怕的;严厉的
пра́вить 统治
венча́ться на ца́рство 加冕
авторите́т 威望,权威
прира́вниваться 等同
Избранная Ра́да 拉达议会
Зе́мский собо́р 缙绅会议
сосло́вно-представи́тельная мона́рхия 等级君主制
реорганиза́ция 重组,重建
Ливо́нская война́ 立窝尼亚战争
опри́чнина 特辖制
состоя́ние 状态

莫斯科——罗斯土地统一的中心

在14至15世纪之交,罗斯国家的统一中心逐渐转移至莫斯科公国。莫斯科原先仅是弗拉基米尔-苏兹达利公国境内的一个不大的城市,后来却逐步成为首都。其崛起的原因可归结为以下

几点：拥有得天独厚的地理位置（位于多条贸易路线的交汇处）；得到了教会的鼎力支持；莫斯科大公的明智政策。

伊凡·卡里达（绰号“钱袋”）（伊凡一世）作为一位杰出的莫斯科大公，他巧妙地运用金钱和策略，不仅极大地扩展了莫斯科公国的领土，还稳固了其统治地位。

库利科沃会战是莫斯科崛起过程中的重要节点。这场战役发生于1380年9月8日，由德米特里大公亲自指挥，地点位于顿河上的库利科沃原野。在这场战役中，罗斯人首次战胜了蒙古鞑靼人，这一胜利让他们意识到蒙古鞑靼人并非不可战胜。尽管这场胜利在精神上具有重要意义，但仍面临着重重桎梏（纳贡）。库利科沃会战的教训是深刻的，它告诉人们只有团结一致，才能战胜强大的敌人。德米特里·伊凡诺维奇在库利科沃会战后被尊称为“顿河王”。

统一国家的形成与伊凡三世

伊凡三世（1462—1505年在位）坚定地延续统一莫斯科周边领土的宏伟目标，同时仍在与蒙古鞑靼人斗争。与外敌斗争是中央集权国家形成的重要原因之一，但同时也有其他的经济和政治原因。伊凡三世统治时期，莫斯科将雅罗斯拉夫尔公国、特维尔公国、维亚特卡公国以及诺夫哥罗德公国纳入其版图。其中，诺夫哥罗德公国的吞并过程尤为艰难，因为诺夫哥罗德人民坚决捍卫其独立性。至15世纪末，新生的罗斯国家已然是昔日莫斯科公国的六倍之大。

由蒙古鞑靼人建立的金帐汗国，在此期间因内部对可汗的仇视而国力大幅减弱。伊凡三世大公停止向金帐汗国缴纳贡品。1480年秋，阿赫马特汗率大军逼近莫斯科，却在乌格拉河附近遭到罗斯军队的顽强抵抗。双方军队隔河对峙，罗斯军队逐渐获得增援，而阿赫马特汗则不敢应战，选择撤军。这一事件标志着长达200多年的蒙古鞑靼桎梏的终结，在乌格拉河发生的这件事在俄语中成为一个固定短语“乌格拉河对峙”。

此后，国家管理逐渐走向统一。伊凡三世被尊称为“全罗斯大公”。最高权力机构为波雅尔杜马，这是一个附属于大公的国家权力咨询机构。罗斯的政治制度逐渐显现出君主专制和权力一长制的特点。

1497年通过了一部法典，这部法典在全罗斯境内有效。它从法律上巩固了大公和贵族作为上层阶级的权利，并限制农民更换主人的权利。并规定每年仅在11月26日（尤里日）这一天，农民才有机会更换主人。罗斯开始形成农奴制。

贵族地主和他们的农民组成了统一的莫斯科军队。由于伊凡三世吸引了无知但忠于他的人，并将土地分配给他们，所以贵族地主的数量增加了。

在伊凡三世的统治下，重建了莫斯科克里姆林宫，引进了双头鹰国徽。莫斯科认为自己是拜占庭的继承人。罗斯被称为俄罗斯。它是一个独立、强大的多民族国家。这一时期的俄罗斯通常被称为第三罗马。

伊凡雷帝的统治

伊凡四世（1533—1584年在位）雷帝在三岁时即已成为权力继承人，但真正的权力运作则由其母亲主导。他在幼年时便父母双亡，这使得他的性格变得暴躁易怒。1547年，伊凡四世被尊称为沙皇，并举行了加冕仪式。伊凡四世权威提高，沙皇的头衔实质上与皇帝的头衔等同。沙皇称号的采用正式确认了俄罗斯沙皇而非莫斯科沙皇权力的专制性。

在伊凡四世的领导下，俄罗斯建立了拉达（议会），这是一个由沙皇近臣组成的政府机构。1549 年召开了首个缙绅会议，这是一个由全俄罗斯不同等级和地方的代表组成的大会。缙绅会议在俄国实行了一百多年，标志着俄罗斯等级君主制时代的开始。

1550 年颁布了新的法典，伊凡四世重组了军队，并设立了多个衙门（包括大使衙门或处理与其他国家关系的外交衙门和处理诉讼事务的司法衙门等）来管理国家事务。此外，伊凡四世对教会和宗教事务也给予了高度重视。

伊凡四世实行积极的外交政策。在他的统治下，喀山和阿斯特拉罕汗国的领土被并入俄罗斯。同时，西伯利亚和伏尔加河地区的土地也成为俄罗斯的领土。然而，在争夺波罗的海出海口的战争（立窝尼亚战争，1558—1583 年）中，俄罗斯未能取得胜利。

1565 年，伊凡四世调整了国内政策，实施了特辖制。这是一项维护他个人权力的特殊政策。特辖制的实施伴随着大规模的处决和恐怖手段。后来，伊凡雷帝甚至禁止人们提及“特辖制”这个词。

伊凡四世去世后，俄罗斯陷入了经济和政治危机。人们对于伊凡雷帝的统治和个人品质的评价也充满了矛盾。

Упражнения и задания

Ответьте на вопросы.

1）Назовите причины возвышения Москвы.

2）В чём заключается историческое значение Куликовской битвы?

3）Определите основные направления объединительной политики Ивана Ⅲ?

4）Какое событие символизирует конец монголо-татарского ига в Руси?

5）Какую политику ввёл Иван Ⅳ во время его правления?

知识链接

伊凡四世

1530 年 8 月 25 日，莫斯科克里姆林宫诞生了一位小王子，他就是后来的沙皇——伊凡四世。因为这位未来的沙皇诞生在雷鸣之时，脾气又暴躁，后来被称作“伊凡雷帝”。

伊凡四世从小多灾多难，三岁时，他的父亲便因病去世，八岁时，代他执政的母亲又被人毒死，剩下他孤单单一人。那些宫廷大贵族从来不把年幼的伊凡四世放在眼里，整天在他面前争权夺利，大吵大闹，甚至威胁他、侮辱他，把他当作克里姆林宫的“囚徒”。这使得伊凡四世从小对那些贵族老爷充满仇恨，并且变得特别残忍。好在他的启蒙老师、大主教马卡林教他读书、写作，使他成为一位有文化知识的俄罗斯统治者。马卡林还向他灌输树立君王的权威、建立东正教大帝国的思想。

1547年，伊凡在克里姆林宫的大教堂举行了隆重的加冕仪式，他采用了"沙皇"的称号，伊凡四世成了俄国第一位沙皇。

年轻的伊凡虽然加冕称帝，但宫中掌握实权的是大贵族格林斯基家族。格林斯基是伊凡的舅舅，一直在各地横征暴敛，独断专行，莫斯科人民为此怨声载道。伊凡四世得出一个教训：应该自己行使权力来治理国家，再也不能让大贵族为所欲为。于是，伊凡四世开始进行政治改革。他大力加强皇权，削弱和打击大贵族势力，提高中小贵族、城市商人的地位。他统一了全国的法律，起用中小贵族担任法官；还颁布《兵役条例》，规定凡拥有一百五十俄亩土地的人出一名骑兵服兵役，增加了沙皇军队的力量。

伊凡四世稍稍稳固了自己的统治后，便开始向周边地区扩张，以扩大沙皇俄国的版图。伊凡的侵略矛头首先指向伏尔加河中游的喀山汗国。经过三次入侵，终于在1552年将喀山汗国纳入俄国的版图。

以后，伊凡四世又占领了伏尔加河下游的阿斯特拉罕汗国。为了取得波罗的海的出海口，伊凡又与波兰、瑞典进行了一场长达二十五年的战争，结果以失败而告终。

伊凡四世在对外扩张的同时，在国内致力于打击世袭大贵族的权力，为此他精心设计了"特辖制"。他先把全国领土划为普通区和特辖区。特辖区主要在俄国中部，约占全国一半土地。这些地方富饶、繁荣，具有重要军事意义。特辖区内土地一律变成王室的财产，由沙皇分封给对他忠诚的中小贵族。而特辖区内的大贵族一律移居到边远地区。然后，伊凡四世建立特辖军，以清除不忠于沙皇的大贵族。特辖军骑兵由一千人组成，其成员都经过严格挑选。特辖军身穿黑色服装，在马鞍边上挂着一个狗头和一把大刷子，表示扫除一切叛逆分子。在沙皇的直接指挥下，特辖军镇压和屠杀了许多大贵族集团。

伊凡四世生性多疑，反复无常，又极端残忍。他依靠特辖军，前后共杀死四千名大贵族，杀害的平民百姓更无法计算。在长期的国内斗争和对外战争中，他变得精神失常。一次，他在暴怒之下失手打死了自己的儿子，随后又悔恨不已，刚过五十岁就已显得衰老，神情呆滞。

1584年3月28日，伊凡四世在下棋时突然倒地而亡，死因不明。

2.2 ДИНАСТИЯ РОМАНОВЫХ
罗曼诺夫王朝

2.2.1 Россия в XVII веке
17世纪的俄罗斯

Текст

Смутное время: причины, события, итоги

Начало XVII века современники, а затем историки назвали Смутным временем. Весь XVII век называют Бунташным веком. Это был сложный исторический период, очередной этап в утверждении Российского централизованного государства. Одной из причин Смутного времени явился правительственный кризис, то есть Иван Грозный династию не продолжил.

У Ивана Грозного не было достойного наследника. Власть переходит к Фёдору Ивановичу (1584 – 1598 гг.). Но он слабоумен, фактически делами в государстве управляет родственник его жены Борис Годунов. Он станет русским царём в 1598 году и процарствует до 1605 года. Борис Годунов не принадлежал к русской царской фамилии, со смертью Фёдора Ивановича в России заканчивается династия Рюриковичей, начинается Смутное время, то есть борьба за власть. В итоге брат жены царя Борис Годунов возглавил управление государства.

Б. Годунов

Правление Бориса Годунова было менее жестоким по сравнению с политикой Ивана Грозного, хотя в это время Россия переживает несколько неурожайных лет, голод. Более удачной была внешняя политика Бориса Годунова. Экономическая и политическая обстановки в стране нестабильны, сказывались отрицательные последствия Ливонской войны и опричнины. После смерти Бориса Годунова кризис династии обостряется ещё больше. Сначала москвичи принимают как царя самозванца Лжедмитрия I (1605–1606 гг.). Он был ставленником Польши, проводил антинациональную политику. Затем на Красной площади в цари был выкрикнут боярин Василий Шуйский (1606–1610 гг.). Ему не удалось стабилизировать положение в стране. Во время его правления произошла крестьянская война под предводительством Ивана Болотникова, появился новый самозванец Лжедмитрий II, в России началась польско-шведская интервенция. Бояре не справлялись с управлением страной. Судьбу Смутного времени решил русский народ. Было организовано народное ополчение во главе с Кузьмой Мининым и Дмитрием Пожарским. В октябре 1612 года была освобождена Москва, а к 1618 году вся территория России.

В память об этих событиях в Москве на Красной площади позже был установлен памятник Кузьме Минину и Дмитрию Пожарскому. После освобождения Москвы в январе 1613 года был создан Земский собор для избрания нового царя. Им стал 16-летний Михаил Романов (1613–1645 гг.). В России была установлена новая царская династия Романовых до 1917 года.

Россия при первых Романовых: становление самодержавия и крепостничества

Много изменений происходит в России в царствование Алексея Михайловича Романова (1645–1676 гг.). В 1649 году на Земском соборе было принято Соборное уложение — основы законодательства России. Оно утверждало принципы централизованного государства, сильную власть царя, единую систему управления по всей стране, несколько ограничивало роль церкви, юридически закрепляло систему крепостного права в России. Теперь крестьяне вместе со своими семьями были навсегда

А. М. Романов

прикреплены к своему хозяину. Беглых крестьян наказывали физически, штрафами, могли отправить в тюрьму. В дальнейшем крепостное право будет отрицательно влиять на политику и экономику страны.

В середине XVII века произошло важное событие в истории России: церковная реформа. Главная цель реформы: устранить различия в богослужебной практике между русской церковью и другими православными церквями. Изменения были небольшими, они не затронули основ православия, но российское общество разделилось на тех, кто поддерживал реформы и тех, кто был против. Первых называли старообрядцами, официальная реформированная церковь преследовала их. Старообрядцы часто заканчивали жизнь самосожжением по религиозным соображениям, скрывались на окраинах России, в частности в Сибири. Целыми семьями, деревнями они уходили в Сибирь, Забайкалье и жили там закрыто, местные жители Сибири до сих пор потомков старообрядцев называют «семейские».

В 1654 году произошло воссоединение Украины с Россией, территория России увеличилась ещё больше.

В 1670–1671 годах произошла крестьянская война под предводительством Степана Разина. К этому времени из недовольных тяжёлой жизнью людей сформировалось казачество. Казаки заняли территории в низовьях рек Дона, Волги, Урала и др. Среди них происходит расслоение на богатых и бедных. Среди бедных казаков выделился Степан Разин. Он отличился своими военными и грабительскими походами (он грабил князей и бояр, а награбленное раздавал бедным людям), затем выступил против московского правительства.

Под власть Разина попали многие города: Астрахань, Царицын, Саратов, Самара и др. Под городом Симбирском войска Разина были разбиты, а он был казнён. Эта война продемонстрировала недовольство не только казаков, но и широких народных масс.

XVII век обозначил серьёзные проблемы Московского государства. Войны с европейскими странами показали слабость русской армии. В Россию стали приглашать иностранцев. Европа XVII века переживает переход к Новому времени, индустриальному обществу, идёт процесс складывания капиталистических отношений, формирование буржуазии и пролетариата. В России назревает необходимость перемен.

Новые слова и выражения

Сму́тное вре́мя 混乱时期

Бунта́шный век 动乱时期

очередно́й 首要的;例行的

досто́йный насле́дник 合适的继承人

возгла́вить 领导,率领

жесто́кий 残酷的,残忍的

неурожа́йный 歉收的

ска́зываться 表现出

отрица́тельное после́дствие 负面后果

обостря́ться 尖锐化;加剧

самозва́нец 冒名者

Лжедми́трий 伪德米特里

ста́вленник 傀儡

вы́крикнуть 喊出

стабилизи́ровать 稳定

под предводи́тельством 在……领导下

интерве́нция (武装)干涉

наро́дное ополче́ние 民兵

па́мятник Кузьме́ Ми́нину и Дми́трию Пожа́рскому 库兹马·米宁和德米特里·波扎尔斯基纪念碑

дина́стия Рома́новых 罗曼诺夫王朝

уложе́ние 法典

бе́глый 逃跑的,逃亡的

старообря́дцы 旧教派

пресле́довать 追捕

самосожже́ние 自焚

соображе́ние 观点;理解

скрыва́ться 隐藏

Степа́н Ра́зин 斯捷潘·拉辛

каза́чество 哥萨克(人)

расслое́ние 分层;分化

граби́тельский 掠夺的

обозна́чить 标出;显出

индустриа́льный 工业化的

капиталисти́ческий 资本主义的

буржуази́я и пролетариа́т 资产阶级和无产阶级

назрева́ть 成熟

混乱时期:原因,事件,结果

17 世纪初,被同时代人以及历史学家称为混乱时期。现在人们把整个 17 世纪都称为混乱时期。这是一个复杂的历史时期,是俄罗斯中央集权国家确立过程的首要阶段。导致混乱时期的原因之一是政府危机,也就是伊凡雷帝没有把王朝继续下去。

伊凡雷帝并未留下合适的继承人,权力转移到费奥多尔·伊万诺维奇(1584—1598 年在位)。然而,费奥多尔·伊万诺维奇智力有限,实际政权由其妻子的亲戚鲍里斯·戈东诺夫掌握。鲍里斯·戈东诺夫于 1598 年登上俄罗斯沙皇宝座,并持续统治至 1605 年。由于他不属于俄罗斯沙皇姓氏,随着费奥多尔·伊万诺维奇的逝世,留里克王朝宣告结束,俄罗斯陷入混乱时期,各种权力斗争不断。最终,鲍里斯·戈东诺夫作为费奥多尔妻子的兄弟领导了国家。

相较于伊凡雷帝的残酷政策,鲍里斯·戈东诺夫的统治显得较为温和。尽管在此期间,俄罗斯经历了几个歉收年和饥荒,但他的外交政策仍相对成功。然而,国内政治和经济形势仍不稳定,立窝尼亚战争和特辖制的不良后果逐渐显现。鲍里斯·戈东诺夫逝世后,王朝的危机进一步加剧。莫斯科人首先接受了伪德米特里一世(1605—1606 年在位)为沙皇,他是波兰的傀儡,推行反民族政策。随后在红场上,瓦西里·舒伊斯基被推举为沙皇(1606—1610 年在位),但他未能稳定国家局势。在他统治期间,爆发了由伊凡·博洛特尼科夫领导的农民战争,同时还有一个自称德米特里二世的人物出现,引发了波兰-瑞典武装干涉。贵族无法有效管理国家,俄罗斯人民只能凭借自己的力量在混乱时期挽救国家命运。由库兹马·米宁和德米特里·波扎尔斯基领导的民兵组建起来了。1612 年 10 月,莫斯科得以解放,1618 年全俄罗斯得以解放。

为了纪念这一事件，后来在莫斯科的红场上竖立了库兹马·米宁和德米特里·波扎尔斯基的纪念碑。莫斯科解放后，1613年1月进行了缙绅会议来选举新沙皇。最终，16岁的米哈伊尔·罗曼诺夫（1613—1645年在位）被选为沙皇。这标志着罗曼诺夫王朝在俄罗斯的建立，该王朝一直持续至1917年。

罗曼诺夫王朝统治初期的俄罗斯：俄罗斯专制统治和农奴制的确立

俄罗斯在阿列克谢·米哈伊洛维奇·罗曼诺夫（1645—1676年在位）统治时期发生了许多变化。1649年，缙绅会议通过了法典，它是俄罗斯国家立法的基础。法典确立了中央集权国家原则、沙皇强大的权力、全国统一管理，在一定程度上限制了教会的作用，从法律上巩固了俄罗斯的农奴制。至此，农民和他的家人永远地与他们的主人联系在一起。逃亡的农民被处以体罚、罚款，还可能被送进监狱。在后续的发展中，农奴制将对国家的政治和经济产生负面影响。

17世纪中叶，俄罗斯历史迎来了重大事件——教会改革。此次改革的核心目标在于消除俄罗斯教会与其他东正教教会在祈祷仪式方面的差异。尽管改革不大，并未触及东正教的核心教义，却在俄罗斯社会内部催生了支持与反对两派。支持改革的一方被称为旧教派，受到官方改革教会的打压。因宗教原因，旧教派信徒频发自焚事件，并纷纷躲藏至俄罗斯的偏远地区，尤其是西伯利亚。这些信徒往往举家迁移，乃至整个村庄一同迁徙至西伯利亚、后贝加尔等地，过着与世隔绝的生活。而西伯利亚当地人至今仍称这些旧教派的后裔为“塞梅斯基人”。

1654年，乌克兰并入俄罗斯，进一步拓展了俄罗斯的领土范围。

在1670年至1671年期间，一场由斯捷潘·拉辛领导的农民战争爆发。在这场战争中，对艰苦生活感到不满的哥萨克人构成了主要力量。哥萨克人占领了顿河、伏尔加河、乌拉尔河等下游地区。在哥萨克人内部，富人与穷人之间的矛盾逐渐凸显。其中，斯捷潘·拉辛凭借军事与掠夺行动在贫穷的哥萨克人中崭露头角（他掠夺大公和贵族的财物，并将这些财物分发给穷人）。后来他还公开反对莫斯科政府。

在拉辛的权力下，他控制了阿斯特拉罕、察里津、萨拉托夫、萨马拉等多个城市。然而，在辛比尔斯克市附近，拉辛的军队被打败，他本人也被处决。这场农民战争不仅反映了哥萨克人的不满，还显示出广大人民群众的不满。

17世纪，俄罗斯面临着诸多严峻问题。与欧洲国家的战争暴露出俄罗斯军队实力的不足。为了寻求改变，俄罗斯开始邀请外国人前来。与此同时，17世纪的欧洲正经历着向新时代、工业社会的过渡，资本主义关系逐渐形成，资产阶级和无产阶级也开始崭露头角。俄罗斯亟须进行变革。

Упражнения и задания

Ответьте на вопросы.

1) Почему начало XVII века в России назвали Смутным временем?

2) Как и почему в России произошла смена царских династий?

3) В честь какого события был установлен на Красной площади памятник Минину и Пожарскому?

4) Какая династия была второй после династии Рюриковичей?

5) Кто вёл крестьянскую войну в 1670–1671 годах?

2.2.2 Россия в XVIII веке
18世纪的俄罗斯

Текст

Реформы Петра I и установление абсолютной монархии в России

Большие изменения в истории России связаны с именем Петра I (1682–1725 гг.). Воцарению Петра I предшествовала борьба за власть между детьми и родственниками двух жен царя Алексея Михайловича. Первоначально царями были провозглашены Пётр и его брат Иван (для них был изготовлен специальный двойной трон), а регентом была назначена царевна Софья. Полностью власть перешла к Петру в 1696 году.

Пётр I

России было необходимо преодолеть отсталость в промышленности, сельском хозяйстве, в области культуры. Экономическая жизнь России была затруднена отсутствием выходов к морям. Для этого нужно было построить флот и создать новую армию. Пётр I уделяет этой проблеме большое внимание. В 1695–1696 годах состоялись Азовские походы, но выход к Чёрному морю получен не был. В 1697 году Пётр I путешествует по Европе, изучает различные науки и ищет союзников для будущих войн.

Важным стимулом к проведению реформ стала Северная война (1700–1721 гг.) за выход к Балтийскому морю.

Военная реформа была одной из главных. Было создано регулярное войско, флот, армия стала профессиональной, ограничивался срок службы. Дворяне составляли офицерский корпус, но офицером мог стать и солдат, который отличился на службе. Пётр I относился к людям не по их происхождению, а по способностям и заслугам. Был принят важный документ «Табель о рангах», по которому титул дворянина могли получать выходцы из других сословий. Реформа государственного управления носила продворянский характер. Система управления государством складывалась постепенно. В 1711 году был учреждён Сенат — высший государственный орган, который подчинялся царю, занимался делами законодательства и государственного управления. Позже были введены коллегии, должность генерал-прокурора. Пётр Ⅰ проводит новую налоговую политику, первую перепись населения, реформу церкви. Церковь стала частью государственного аппарата. После победы в Северной войне Пётр Ⅰ получает титул императора, теперь Россию называют империей. В России устанавливается абсолютная монархия — безграничная власть царя (императора).

В 1703 году началось строительство Санкт-Петербурга, а в 1712 году этот город стал столицей России.

С началом Северной войны связана реформа промышленного производства. Больше половины промышленных предприятий (мануфактур) создано для нужд армии и флота. К концу правления Петра Ⅰ в России действовало более 200 предприятий, в том числе в районах Урала, Сибири. Для работы на мануфактурах не хватало рабочих рук, поэтому использовали труд крепостных крестьян. Пётр Ⅰ поддерживает российских товаропроизводителей, на импортные товары накладывали большие налоги. В результате хозяйственной реформы экспорт стал превышать импорт в 2 раза. Россия стала одной из сильнейших европейских государств, чему особенно способствовала победа в Северной войне и получение выхода в Балтийское море. Пётр Ⅰ умирает внезапно, не оставив наследников. После смерти Петра Ⅰ Россия переживает эпоху дворцовых переворотов, власть часто переходит от одного правителя к другому. Они больше заботятся о собственных интересах, чем о делах государства, так как понимают непрочность своего положения. Сразу после смерти Петра Ⅰ царицей стала его вторая жена Екатерина Ⅰ (1725–1727 гг.), в 1727–1730 годах внук Петра Ⅰ Пётр Ⅱ, в 1730–1740 гг. Анна Ивановна — племянница Петра Ⅰ, затем Иван Антонович (1740–1741 гг.) — внучатный племянник Анны Ивановны. В 1741 – 1761 годах дочь Петра Ⅰ Елизавета Петровна, в 1761–1762 гг. Пётр Ⅲ — племянник Елизаветы Петровны и, наконец, в 1762–1796 годах Екатерина Ⅱ — жена Петра Ⅲ. Смена правителей часто происходила при помощи армии, с использованием силы.

Екатерина Ⅱ и просвещённый абсолютизм

XVⅢ век в Европе и России вошёл в историю как век Просвещения. Деятели эпохи Просвещения оказали большое влияние на развитие философии, литературы, политическую мысль. На мировоззрение русских философов-просветителей большое влияние оказали идеи западных писателей-просветителей: представители Просвещения Вольтер, Руссо, Монтескьё, Дидро и др.

Философы-просветители рассматривали разум как главную характеристику человека, выступали против феодально-абсолютистского режима, за политические свободы, гражданское равенство. За свои убеждения философы-просветители преследовались официальными властями. Для улучшения жизни народа, считали просветители, необходима политика просвещённого абсолютизма, нужен мудрый, образованный правитель. Монархи использовали эти популярные идеи в своих целях, изображая своё правление как союз правителя и философов. Просвещённый абсолютизм особенно проявился в Австрии, Пруссии, Португалии и России. Просвещённый абсолютизм в России связан с именем Екатерины Ⅱ. Екатерина Ⅱ немецкая принцесса, приехала в Россию в 15-летнем возрасте как невеста и будущая жена царя, быстро выучила русский язык, приняла российские традиции. Она пришла к власти в результате дворцового переворота, убийства своего мужа. Она была известным государственным деятелем, талантливым дипломатом и политиком. Она считала себя ученицей просветителей, переписывалась с некоторыми из них. Екатерина пыталась упорядочить законодательную систему России, но, столкнувшись с бесправным положением крепостных крестьян, прекратила эту работу. При ней положение крестьян стало особенно тяжёлым. Так, Екатерина Ⅱ издаёт закон, по которому жалоба крестьянина на своего хозяина приравнивалась к государственному преступлению.

Екатерина Ⅱ

Екатерина Ⅱ проводит преобразования в экономике. При ней началась продажа хлеба за границу, продолжалось строительство заводов и фабрик, формируются династии русских промышленников. Она проводит активную внешнюю политику, в результате двух русско-турецких войн (1768–1774 гг.; 1787–1791 гг.) Россия укрепилась на Чёрном море, частично были присоединены территории Кавказа, осуществлён раздел Польши.

Екатерина Ⅱ продолжает реформу системы образования, открывает новые учебные заведения, в том числе для женщин, медицинскую академию, публичную библиотеку, купила всю библиотеку Дидро и т. д. Но эти меры не смогли остановить социальных противоречий. В 1773 – 1775 годы в России произошла новая крестьянская война под предводительством Емельяна Пугачёва. Война была жестоко подавлена. После её окончания Екатерина Ⅱ проводит реформу местного управления, значительно расширяет привилегии дворянства. Она выступает против свободомыслия. Книга А. Н. Радищева «Путешествие из Петербурга в Москву» о тяжёлом положении народа была сожжена, а автор сослан в Сибирь. Екатерина Ⅱ тяжело приняла известие о начале Великой Французской революции, которую в определённой степени подготовили философы-просветители. Таким образом, политика просвещённого абсолютизма на практике реализовывалась Екатериной Ⅱ только частично.

Новые слова и выражения

абсолю́тная мона́рхия 君主专制

воцаре́ние 登基;掌权

предше́ствовать 发生在……前

ре́гент 摄政王

флот 舰队,海军

офице́рский ко́рпус 军团

Та́бель о ра́нгах 官阶表

вы́ходец из ……出身的人

сена́т 参政院

колле́гия 委员会;部

генера́л-прокуро́р 总检察官

мануфакту́ра 工厂

дворцо́вый переворо́т 宫廷政变

век Просвеще́ния 启蒙时代

просвети́тель 启蒙运动者

Вольте́р 伏尔泰

Руссо́ 卢梭

Монтескьё 孟德斯鸠

Дидро́ 狄德罗

гражда́нское ра́венство 公民平等

просвещённый абсолюти́зм 开明专制

абсолюти́зм 专制制度

мона́рх 君主,帝王

беспра́вный 无权利的

дина́стия 世家;王朝

Емелья́н Пугачёв 叶梅利扬·普加乔夫

привиле́гия 特权

Ради́щев 拉吉舍夫

彼得一世的改革和俄罗斯君主专制的建立

俄罗斯历史上的巨大变化与彼得一世(1682—1725 年在位)密不可分。在彼得一世登上皇位之前,沙皇阿列克谢·米哈伊洛维奇的两位妻子所生的子女及其亲属间爆发了一场权力争夺战。起初彼得及其兄弟伊凡被共同立为沙皇(为此还准备了专门的双人宝座)。同时,索菲亚公主被委任摄政王一职。1696 年,彼得完全掌握了统治权。

俄罗斯必须克服工业、农业以及文化方面面临的落后问题。由于其经济生活受限于缺乏出海口,因此,俄罗斯必须组建一支舰队和一支崭新的军队。彼得一世对此问题给予了极高的重视。在 1695 年至 1696 年期间,亚速海战役爆发,但俄罗斯并未获得通往黑海的出口。1697 年,彼得一世前往欧洲进行考察,深入研究各种科学,并寻求盟友以应对未来的战争。

改革的主要推动力来自北方战争(1700—1721 年),该战争的主要目的是争夺波罗的海的出海口。

军事改革是最重要的一件事。建立了正规军、海军,军队变得专业化,服役期也有了限制。贵族组成了军官团,但军官也可以成为在服役中表现出色的士兵。彼得一世对待人不是根据他们的出身,而是他们的能力和功绩。通过了一份重要的文件——“官阶表”,根据该文件,其他等级的人可以获得贵族头衔。国家管理改革具有贵族性质。逐步形成了国家管理制度。1711 年成立了参政院,这是最高的国家机关,隶属于沙皇,处理立法和国家管理事务。后来成立了部,并设立了总检察官职位。彼得一世实行新的税收政策,进行了第一次人口普查、教会改革。教会成为国家机关的一部分。北方战争胜利后,彼得一世获得了皇帝的头衔,那时俄罗斯被称为帝国。在俄罗斯建立了君主专制——沙皇(皇帝)拥有无限权力。

圣彼得堡自 1703 年开始建设,并于 1712 年确立为俄罗斯的首都。

俄罗斯的工业生产改革与北方战争密切相关。超过半数的工业企业(制造厂)以军事需求为导向得以建立。至彼得一世统治终结时,俄罗斯境内已拥有 200 余座工厂,遍布乌拉尔及西伯利亚地区。由于工厂劳动力短缺,农奴被用于劳动。彼得一世积极扶持国内商品生产者,对进口商品课以重税,推动经济改革,使俄罗斯出口量达到进口量的两倍。俄罗斯因北方战争的胜利及获得波罗的海出海口，跻身欧洲强国之列。彼得一世突然逝世，未留下继承人。其后的俄罗斯正值宫廷政变时代，政权不断在统治者之间转移。这些统治者多关注自身利益，而非国家大事，因他们深知自身地位脆弱。彼得一世去世后，继位的分别是其第二任妻子叶卡捷琳娜一世（1725—1727 年在位），接着是彼得一世的孙子彼得二世（1727—1730 年在位），然后是彼得一世的侄女安娜·伊凡诺夫娜（1730—1740 年在位）。此后，安娜·伊万诺夫娜的侄孙伊凡·安东诺维奇（1740—1741 年在位）短暂继位。自 1741 年至 1761 年，彼得一世的女儿伊丽莎白·彼得罗夫娜成为统治者。1761 至 1762 年，伊丽莎白·彼得罗夫娜的侄子彼得三世继位。最终 1762 年至 1796 年，彼得三世的妻子——叶卡捷琳娜二世继位。这些统治者的更迭往往伴随着军队的介入和武力的使用。

叶卡捷琳娜二世和开明专制

欧洲与俄罗斯的 18 世纪被称为启蒙时代，这一时期被载入史册。启蒙运动时期的众多活动家，对哲学、文学及政治思想的发展产生了深远的影响。西方启蒙思想家，诸如伏尔泰、卢梭、孟德斯鸠和狄德罗等，他们的思想为俄罗斯启蒙哲学家的世界观提供了重要指引。

这些启蒙哲学家坚信理性为人类的主要特征，坚决反对封建专制制度，主张政治自由与公民平等。因持有这样的观点，启蒙哲学家们常遭受官方的迫害。他们普遍认为，为改善民众生活，必须推行开明的专制主义政策，并需要有一位睿智且受过良好教育的统治者。当时的君主们将这些流行思想用于自己的目的中，将他们的统治描绘为统治者与哲学家之间的紧密联盟。开明专制在奥地利、普鲁士、葡萄牙及俄罗斯等地均有所体现。在俄罗斯，叶卡捷琳娜二世女皇则与开明专制主义紧密相连。叶卡捷琳娜二世，原为德国公主，15 岁时便作为沙皇的未婚妻来到俄罗斯。她迅速掌握了俄语，融入了俄国传统习俗。在宫廷政变、丈夫被谋杀后，她成功掌权。她是一位杰出的活动家、外交家、政治家，她认为自己是启蒙者的学生，并与众多启蒙思想家保持通信。叶卡捷琳娜二世曾试图调整俄罗斯的立法制度，但在面对农奴无权处境时，她暂停了这项工作。在她的统治下，农民地位极度艰难。她颁布了一项法律，规定农民抱怨自己的主人等同于犯罪。

叶卡捷琳娜二世致力于经济变革。她当政时，俄国开始对外出口粮食，并持续推动工厂建设，逐步构建了俄罗斯工业世家。同时，她采取了积极的外交策略，通过两次俄土战争（1768—1774 年和 1787—1791 年）稳固了俄国在黑海的地位，吞并了高加索部分领土，并参与了对波兰的瓜分。

叶卡捷琳娜二世还注重教育体制的改革，推动新学校的建立，涵盖妇女、医学院和公共图书馆等领域，并购买了狄德罗的全部藏书。然而，这些措施未能有效缓解社会矛盾。1773 年至 1775 年间，在叶梅利扬·普加乔夫的领导下，俄国爆发了新的农民起义，起义被残酷镇压。随后，叶卡捷琳娜二世进行了地方管理改革，显著扩大了贵族的特权。她反对自由思想，下令烧毁亚·尼·拉吉舍夫所著描述人民困境的书籍《从彼得堡到莫斯科游记》，并将作者流放到西伯利亚。当得知法国大革命开始的消息时，叶卡捷琳娜二世深感震惊。这场革命在某种程度上是由启蒙哲学家发动的。因此，她所倡导的开明专制政策在实践中仅得到部分实施。

Упражнения и задания

Ответьте на вопросы.

1) Почему в России были необходимы реформы?

2) Какое событие стало важным стимулом к проведению реформ?

3) Какие реформы проводил Пётр Ⅰ?

4) Когда началось строительство Санкт-Петербурга? И когда он стал столицей России?

5) Как Екатерина Ⅱ реализовывала идеи философии Просвещения в России?

知识链接

彼得一世改革

彼得亲政时，俄国是一个非常落后的国家。彼得决心励精图治，要把俄国强大起来。1695年，俄国远征亚速，企图从土耳其手中夺取出海口。彼得意识到要想称霸海上，必须建立一支强大的海上舰队，于是他下令兴建船厂建造军舰。1696年5月，彼得指挥海陆军再次远征，终于攻下亚速，打开了通往亚速海的出海口。为了扩大反土联盟，1697年3月，彼得派遣了一个由250人组成的庞大使团，出访欧洲各国。1700年，为了夺取波罗的海出海口，彼得发动了同瑞典的战争。这次战争长达21年，史称"北方大战"。初战失利，暴露了俄国的落后。彼得开始进行军事改革。他改募兵制为征兵制，组建了一支强大的龙骑兵和步兵。为了建立一支强大的波罗的海舰队，他在斯维尔河畔建立了造船厂。到1725年，俄国已拥有一支包括48艘战舰、787艘帆桨战船、2.8万名水手的庞大海军。1722年，他颁布官阶表，把文武官员分成14等。在经济方面，彼得大力鼓励工商业的发展，允许企业主买进整村的农奴到工厂做工，批准外国人在俄国开办工厂。为了鼓励西方工艺和技术的引进，他把许多西方技术人员带入俄国，还派遣许多年轻的俄国人到东欧去学习。

彼得对旧社会风俗进行大刀阔斧的改革。在社会问题上，彼得也主张实行西方化。他颁布法令，规定人人都不得蓄胡子（他后来对此项法令做了修改），要求宫廷人员必须穿西装，鼓励吸烟和喝咖啡。废除俄罗斯实行数百年的下跪仪式，禁止穿长袍，一律改穿西服。虽然他制定的政策有许多在当时遭到了强烈的反对，但是这些政策带来了长期的影响：俄国这个由贵族阶级统治的国家最终在很多方面都实行了西方的风俗和文化。

与此同时，彼得一世又下令开工厂、办学校、建立科学院、创办报纸，并进行文字改革，简化俄文字母……彼得一世的改革遭到旧贵族和反动僧侣的激烈反对。彼得改革后，俄国军事力量日益强大，终于在1721年把瑞典的军队打败了，迫使瑞典签订了合约。俄国占领了波罗的海的里加湾、芬兰湾、卡累利阿，以及爱沙尼亚和拉脱维亚的大部分，终于拥有了波罗的海的出海口。俄国参政院为表彰彼得一世的贡献，在这一年授予他"国父兼全俄皇帝"称号，彼得被尊为“彼得大帝”,俄国改称“俄罗斯帝国”。从此,俄国一跃成为欧洲强国,开始走上对外侵略扩张的道路。

叶卡捷琳娜二世

叶卡捷琳娜二世是俄国历史上声名显赫的两位“大帝”之一,她统治的34年是俄国专制制度演变的重要时期,是俄国在欧洲国际事务中影响最大的时期,同时也是俄国历史上综合国力最强的时期之一。叶卡捷琳娜二世的“文治武功”和她的治国方略对俄国历史发展、对以后的俄国最高统治者都有一定的影响。

叶卡捷琳娜二世原名索菲娅·奥古斯特,出生于普鲁士什切青的一个家境败落的贵族之家。她从小接受过较好的欧洲式教育,还曾随父母游历欧洲各城市,拜会各国宫廷和诸侯大公,童年的索菲娅·奥古斯特就立志成就一番大事业。1744年,索菲娅被俄国女皇伊丽莎白选为俄国皇位继承人彼得三世的妻子。激动无比的索菲娅立即在母亲的陪同下,经过长途旅行来到彼得堡。为了做个称职的皇后,她努力学习俄语,并改信了东正教,取教名为叶卡捷琳娜。但是婚后的生活并不幸福,一方面是有寻花问柳之癖的彼得三世经常做出不忠妻子之事,另一方面伊丽莎白女皇对异国来的未来皇后很不放心。因此,叶卡捷琳娜来到俄国后,相当长的一段时间是在痛苦、寂寞、紧张和忧郁中度过的。她更加勤奋地读书和学习治国之道,更加殷勤地侍奉伊丽莎白女皇,同时大力在政界和军队中扶植自己的亲信。1761年,彼得三世继任皇位,但是这位智力平庸、对俄国毫无感情的沙皇推行的一系列对内对外政策招致了社会各阶层的不满。叶卡捷琳娜利用这个机会,在宫廷禁卫军的支持下,于1762年6月28日发动政变,推翻彼得三世的统治,就任沙皇,史称叶卡捷琳娜二世(彼得一世的妻子叶卡捷琳娜为一世)。

叶卡捷琳娜二世上台之时正值俄国历史上的动乱之秋。雄才大略的彼得一世去世后,俄国就陷入了宫廷政变时代(1725—1762年)。37年间,俄国先后换了6个沙皇,造成国内政局不稳,国内经济的发展也受到严重的影响。在对外政策方面,伊丽莎白女皇和彼得三世都采取了亲普鲁士的政策,导致俄国在欧洲的极度孤立。在这样的背景下,叶卡捷琳娜二世在政治、经济和对外政策等方面都做了重大的调整。

为了大力强化专制制度、中央集权制和贵族特权,稳定国内局势,叶卡捷琳娜二世于1763年12月颁布法令,把参政院分为六个院,自己直接主持三个强力院——陆军院、海军院和外交院,设立直接向她负责的总检察官一职,由总检察官代沙皇监督和处理参政院的事务。1775年11月颁布《全俄帝国各省管理体制》的法令,取消原来的三级(省、州、县)管理体制,代之以二级(省、县)管理体制,全国设50个行省,省长及副省长由沙皇直接任命。省、县设议会,议员均由贵族代表担任。贵族代表有权向省长直至沙皇提出自己的要求。为防止省长专权和拥兵自重,由沙皇任命若干总督,管辖二至三个省。总督既是地方驻军的最高长官,又是地方的行政长官,同时又是中央参政院的成员。改革的结果极大地强化了沙皇个人的独裁权力,加强了中央集权制,使沙皇能够通过参政院、各院、省长、省议会更直接有力地控制中央和地方。

叶卡捷琳娜二世深知自己统治的社会基础是贵族、农奴主，因此她尽量在政治和经济方面满足贵族和农奴主的要求，特此颁布了《俄国贵族权利、自由和特权诏书》，从法律上确定了贵族是俄国的特权阶层，这个阶层不承担任何国家义务，除去图谋反对沙皇的罪名，不受任何法律限制和处罚。这一政策得到贵族们的欢迎，叶卡捷琳娜二世因此被尊称为“贵族女皇”，她执政的34年被称为贵族专政的黄金时代。

2.2.3 Россия в первой половине XIX века
19世纪上半叶的俄国

Текст

Россия в первой четверти XIX века и Александр Ⅰ

Начало XIX века ознаменовалось новым дворцовым переворотом. Недолгое царствование Павла Ⅰ (1796–1801 гг.) имело тяжёлые последствия для России. Он ненавидел свою мать Екатерину Ⅱ, стремился переделать всё, что сделала она, отменял изданные ею законы и распоряжения, заменял их своими. Павел Ⅰ необдуманно заключал и расторгал договоры с иностранными государствами, объявлял войны. Группа дворян — гвардейских офицеров, чиновников составила заговор, чтобы устранить Павла Ⅰ и заменить его другим, более разумным и послушным. В ночь с 11 на 12 марта 1801 г. заговорщики убили Павла Ⅰ и возвели на престол его сына Александра Ⅰ (1801–1825 гг.).

Первые годы правления молодого императора вошли в историю как «эра либерализма»: были проведены реформы государственного управления, образования. Чтобы привлечь на свою сторону широкие круги дворянства Александр Ⅰ обещал править «по законам и сердцу» как Екатерина Ⅱ. Так как крепостное право являлось главным тормозом развития капиталистических отношений в стране, правительство Александра Ⅰ пыталось ослабить остроту крестьянского вопроса. В 1803 году был издан указ о «вольных хлебопашцах», по которому помещики могли отпускать своих крестьян с землёй за большой выкуп. Этими мерами он ограничил решение крестьянского вопроса.

Александр Ⅰ

Международное положение России в это время было очень сложным. Французский император Наполеон стремился к мировому господству, и война с Россией была последним шагом к осуществлению его цели. В июне 1812 года французская армия перешла границу России. Главный удар Наполеон решил направить на Москву — сердце России. Русская армия, не имея единого командования, и, уступая в численности французам, отступала вглубь страны. Угроза военного поражения вынудила Александра Ⅰ назначить главнокомандующим русской армии талантливого полководца — М. И. Кутузова. Недалеко от Москвы, у деревни Бородино состоялось важное сражение, которое создало условия для перелома в ходе войны. Но для того, чтобы сохранить русскую армию (потери русских в этом сражении составили — 44 тыс. убитыми) Кутузов дал приказ отступать и оставить Москву. Французские войска вошли в столицу и оставались в ней 36 дней.

Наполеон пытался склонить Александра Ⅰ к заключению мира, но получил отказ. В декабре 1812 года непобедимая французская армия была разбита, а Наполеон бежал во Францию. Со стороны России война носила справедливый, освободительный характер и получила название Отечественной войны. Русская армия приняла участие в заграничных походах, многие русские люди познакомились с жизнью в Европе. Вернувшись в Россию, они остро осознали необходимость перемен, тем более, что Александр Ⅰ изменяет свою политику в сторону реакции.

Первыми русскими революционерами были декабристы, которых так назвали по названию месяца, в котором они подняли первое в истории России революционное восстание. Это были молодые люди, в основном военные офицеры, которые хотели добиться ограничения царской власти и введения в России конституции или республиканского режима. 14 декабря 1825 года, в день коронации нового императора Николая Ⅰ, они выступили со своими требованиями на Сенатской площади перед царским дворцом. Николай Ⅰ подавил восстание и жестоко расправился с декабристами. Руководители восстания были казнены, а остальные отправлены в Сибирь.

Правление Николая Ⅰ

Николай Ⅰ

Николай Ⅰ (1825–1855 гг.), которого прозвали Палкин, говорил: «Мне не нужно умных, мне нужны послушные и верноподданные». Николай Ⅰ боялся распространения европейского революционного движения в России. Для борьбы с революцией он увеличил аппарат чиновников и полиции, главную опору своей власти видел в армии, ввёл строгую цензуру. Николай Ⅰ провёл кодификацию законов: российские законы были хронологически упорядочены и изданы (15 томов). Была проведена денежная реформа и реформа управления государственными крестьянами. Николай Ⅰ любил военные парады, тратил на них, а не на перевооружение армии, большие денежные средства. Но, несмотря на эти меры, общественно-политическая жизнь России была достаточно активной. Возникали студенческие кружки, общественные движения (западники и славянофилы), появляются первые социалистические идеи на русской почве (А. И. Герцен).

В 1853 году Россия вступила в войну с Турцией за черноморские проливы Босфор и Дарданеллы. Отсталая Россия проиграла Крымскую войну и потеряла право иметь свой флот в Чёрном море.

Россия вновь оказалась на пороге кризиса.

Новые слова и выражения

ознаменова́ться 因……而著名

ненави́деть 憎恨

стреми́ться 力求

отменя́ть 取消,废除

распоряже́ние 命令,指示

заменя́ть 代替,替换

расторга́ть 废除,解除

гварде́йский 近卫军的

офице́р 军官

чино́вник 官员

за́говор 阴谋

устрани́ть 撤除;消除

загово́рщик 阴谋者

возвести́ 使……登上

э́ра либерали́зма 自由主义时代

то́рмоз 闸;障碍

капиталисти́ческий 资本主义的

осла́бить 缓和

ука́з о «во́льных хлебопа́шцах» 《自由农民》法令

поме́щик 地主

вы́куп 赎金

ограни́чить 限制,限定

госпо́дство 统治,霸权

напра́вить гла́вный уда́р на кого́-что 主攻

еди́ный 统一的

уступа́ть в чи́сленности кому́ 数量上不及

отступа́ть 撤退,后退

вы́нудить 迫使

М. И. Куту́зов 米·伊·库图佐夫

сраже́ние 战役

поте́ря 损失;伤亡

склони́ть 说服;怂恿

реа́кция 反应;反动

корона́ция 加冕礼

распра́виться 惩罚;镇压

казни́ть 处决

вернопо́дданный 忠君的

цензу́ра (书刊)检查

кодифика́ция 法典编纂

хронологи́чески 按时间顺序排列

упоря́дочить 整顿,调整

вое́нный пара́д 阅兵

перевооруже́ние 革新装备

за́падник 西欧派,西欧主义者

славянофи́л 斯拉夫主义者

19 世纪前二十五年的俄国和亚历山大一世

19 世纪初的标志性事件是一场新的宫廷政变。保罗一世(1796—1801 年在位)的短暂统治对俄国产生了很大的影响。他憎恨自己的母亲叶卡捷琳娜二世,想要推翻她所做的一切。他废除了叶卡捷琳娜二世颁布的法令,用自己的法令取而代之,草率地与他国缔结条约又毁约,对外宣战。一些贵族军官合谋除掉保罗一世,并用另一个更理智、更听话的人替代他。1801 年 3 月 11 日至 12 日的夜晚,合谋者杀死了保罗一世,并推举他的儿子亚历山大一世(1801—1825 年在位)登基。

亚历山大一世执政之初是俄国史上的"自由主义时代":进行了国家治理改革和教育改革。为了拉拢广大贵族圈子,亚历山大一世承诺像叶卡捷琳娜二世那样"依法依心"统治。由于农奴制是国内资本主义关系发展的主要障碍,亚历山大一世政府试图缓解尖锐的农民问题。1803 年,颁布了一项关于《自由农民》的法令,根据该法令,地主可以通过释放他们的农奴和土地,以获得大笔赎金。通过这些措施,农民问题得到了缓解。

当时俄国的国际形势非常复杂。法国皇帝拿破仑渴望统治世界,征战俄国是他实现目标的最后一步。1812 年 6 月,法军越过俄国边境。拿破仑决定直击俄国的心脏——莫斯科。俄国军队没有统一的指挥,寡不敌众,撤退到内陆。战败的威胁迫使亚历山大一世任命一位才华横溢的统帅——米·伊·库图佐夫为俄国军队总司令。在离莫斯科不远的博罗金诺村附近发生了一场重要的战斗,这是这场战争的转折点。为了拯救俄国军队(在这场战斗中有 44 000 俄军死亡),库图佐夫下令撤退并离开莫斯科。法国军队进入莫斯科并在那里停留了 36 天。

拿破仑试图与亚历山大一世议和,但遭到拒绝。1812 年 12 月,战无不胜的法军战败,拿破仑逃回法国。对俄罗斯来说,这场战争具有公正、解放的性质,被称为卫国战争。经过俄罗斯军队出国征战,许多俄罗斯人接触了欧洲的生活。回到俄罗斯后,他们敏锐地意识到需要转变,亚历山大一世也在相应地改变他的政策。

第一批俄罗斯革命者是十二月党人,他们以提出俄罗斯历史上第一次革命起义的月份命名。这些年轻人主要是军官,希望限制沙皇的权力,并在俄罗斯引入宪法或实行共和制。1825 年 12 月 14 日,即新皇尼古拉一世加冕之日,他们在皇宫前的参政院广场上提出了他们的要求。尼古拉一世镇压起义,严惩十二月党人。起义的领导人被处决,余党被发配西伯利亚。

尼古拉一世的统治

尼古拉一世(1825—1855 年在位),又名帕尔金,他曾说过:"我不需要聪明的人,我需要服从和忠诚的臣民。"尼古拉一世害怕欧洲革命运动蔓延到俄罗斯。为了对抗革命,他增加了官员和警察机关,以军队维系自己的权力,并启动严格的书刊检察机关。尼古拉一世进行了法律编纂,规定:俄罗斯法律按时间编排、颁布(15 卷)。实行了货币改革和国家农民管理改革。尼古拉一世喜欢阅兵,并为此投入财力,但没有将支出用于军队的重新武装。但是,尽管采取了这些措施,俄罗斯的社会政治生活还是相当活跃。学生俱乐部和社会运动(西欧主义者和斯拉夫主义者)兴起,第一批社会主义思想出现在俄罗斯土地上(亚·伊·赫尔岑)。

1853年,俄罗斯在博斯普鲁斯-达达尼尔海峡的黑海海峡与土耳其开战。落后的俄罗斯输掉了克里米亚战争,失去了在黑海拥有舰队的权利。

俄罗斯再次走向危机。

Упражнения и задания

Ответьте на вопросы.

1) Почему царствование Павла I было недолгим?

2) Почему первые годы правления Александра I называют «эрой либерализма»?

3) Почему война 1812 года получила название Отечественной войны?

4) Кто был главнокомандующим русской армии во время Отечественной войны в 1812 г.?

5) Кто воевал против России во время Отечественной войны в 1812 г.?

6) Кто такие декабристы?

7) Какие главные цели движения декабристов?

8) Как можно охарактеризовать правление Николая I?

9) Какой результат был в Крымской войне?

10) Как называется деревня, где состоялось важное сражение в 1812 г.?

2.2.4 Россия во второй половине XIX века
19世纪下半叶的俄国

Текст

Александр II «Освободитель»: отмена крепостного права, буржуазные реформы.

В конце 50-х годов XIX века в России сложилась крайне напряжённая обстановка. Низкий уровень развития промышленности, сельского хозяйства, торговли не соответствовал потребностям страны. Дальнейшее развитие экономики в условиях крепостного права было невозможным. Особенно большой подъём получило крестьянское движение против крепостного гнёта.

В 1855 году после смерти Николая I на царский престол вступил его старший сын

Александр Ⅱ (1855 – 1881 гг.). Он понимал необходимость отмены крепостного права в стране: «Лучше отменить крепостное право сверху, нежели дожидаться того времени, как оно само собой начнёт отменяться снизу» — говорил Александр Ⅱ. 19 февраля 1861 года император издал манифест об освобождении крестьян (поэтому его и называют Освободителем). Крестьяне получили личную свободу и небольшой участок земли для ведения собственного хозяйства. Но чтобы крестьяне стали собственниками этой земли, они должны были уплатить выкуп помещику или государству.

Александр Ⅱ

В 1864 году была проведена реформа управления: были созданы специальные органы — земства, которые занимались строительством дорог, больниц, народным просвещением. Одним из наиболее важных преобразований была реформа суда. Была установлена независимость суда от администрации, гласность судопроизводства, право защиты (адвокатура), введение присяжных заседателей — всё это повысило законность суда. В результате проведения военной реформы срок службы в армии сократился до 6 лет в пехоте и 7 лет на флоте. В армии появились новые виды вооружения. Буржуазные реформы Александра Ⅱ способствовали дальнейшему развитию капитализма в России.

Общественно-политические движения в России

Крестьянство было недовольно реформой 1861 года. С защитой интересов крестьянства выступили революционеры-народники: представители интеллигенции, мелких чиновников, низшего духовенства. Они стремились поднять народную крестьянскую революцию и считали крестьянство основной революционной силой. Но пропаганда, которую народники проводили среди крестьян, не имела успеха, крестьяне оказались не готовыми к революции. Тогда большинство народников перешли к более активным действиям — террору. Они надеялись убийством царя и наиболее высокопоставленных государственных сановников, вызвать панику в правительстве, захватить власть и ввести конституцию. 1 марта 1881 года террористы-народники убили Александра Ⅱ. После этого компромисс между политическими силами в России стал невозможен.

Правление Александра Ⅲ (1881 – 1894 гг.) было самым мирным в истории России. И хотя внутренние противоречия осложняли положение в стране, во внешней политике удалось избежать международных конфликтов, за что Александр Ⅲ и получил прозвище «Миротворец». По своим убеждениям он был консерватором и не одобрял преобразований своего отца Александра Ⅱ. Время его правления называют периодом контрреформ. Несмотря на экономический подъём конца XIX века, размах общественно-политических движений увеличился.

К концу XIX века в России начался экономический подъём. В основных отраслях промышленности завершился промышленный переворот, т. е. переход на машинное производство. В России не было инфляции, страна имела твёрдую золотую валюту. По объёму производства Россия занимала 5-е место после США, Франции, Великобритании, Германии. Быстрыми темпами шло строительство железных дорог, что было очень важно для такой огромной страны как Россия. Страна вступала в новый XX век.

Новые слова и выражения

напряжённый 紧张的

обстано́вка 形势,环境,局势

промы́шленность 工业

се́льское хозя́йство 农业

соотве́тствовать 适合,合乎

потре́бность 需要,需求

гнёт 压迫

отме́на 取消,废除

све́рху 从上面

сам собо́й 自然而然地

манифе́ст об освобожде́нии крестья́н 解放农奴宣言

уча́сток 地段,一块地

зе́мство (帝俄)地方自治(制度); 地方自治会(局)

просвеще́ние 教育

суд 法院,法庭;法官

администра́ция (行政)当局

гла́сность 公开性

судопроизво́дство 诉讼程序

адвокату́ра 律师团;律师业务

прися́жный 陪审团

зако́нность 合法性;合理性

пехо́та 步兵

наро́дники 民粹派分子

интеллиге́нция 知识分子;知识界

духове́нство 宗教界;神职人员

пропага́нда 宣传

уби́йство 杀害

сано́вник (俄国革命前的)达官显宦

па́ника 慌张,惊慌

террори́ст 恐怖分子

компроми́сс 妥协, 折中

осложня́ть 复杂化;使……并发

миротво́рец 调解人

консерва́тор 保守分子

одобря́ть 同意

контррефо́рма 反改革

"解放者"亚历山大二世:废除农奴制、资产阶级改革

在19世纪50年代末,俄罗斯出现了极其紧张的局势。工业、农业发展水平低下,贸易不能满足国家的需要。农奴制限制了经济的进一步发展。反对压迫农民的农民运动兴起。

1855年，尼古拉一世去世后，他的长子亚历山大二世(1855—1881年在位)继位。他明白必须废除俄国的农奴制，他说："最好是自上而下废除农奴制，而不是等到农奴制自下而上瓦解。"1861年2月19日，皇帝发布了解放农奴的宣言(这就是为什么他被称为"解放者")。农民获得了人身自由和一小块土地用于自己的营生。但是为了拥有这块土地，农民必须向地主或国家支付赎金。

1864年进行了治理改革：创建了特殊机构——地方自治会，负责道路、医院建设和平民教育。最重要的变革之一是法院的改革——确立了法院脱离行政机构的独立性、诉讼程序的透明度、辩护权(律师业务)，引入陪审团——这些都增强了法院的合法性。由于军事改革，步兵的服役期限减少到6年，海军减少到7年。军队中出现了新型武器。亚历山大二世的资产阶级改革促进了俄罗斯资本主义的进一步发展。

俄国的社会政治运动

农民对1861年的改革感到不满。民粹主义革命者，即知识分子、小官员和下层神职人员，他们捍卫农民的利益，试图发动一场农民革命，并认为农民是主要的革命力量。但是民粹主义者在农民中进行的宣传没有成功，农民没有准备好革命。然后，大多数民粹主义者转向更激进的行动——政治暗杀。他们希望杀死沙皇和上层的国家政要，在政府中引起恐慌，夺取政权并推行宪法。1881年3月1日，民粹主义恐怖分子杀害了亚历山大二世。此后，俄罗斯政治势力之间无达成和解的可能。

亚历山大三世(1881—1894年在位)统治期间是俄罗斯历史上最和平的时期。虽然内部矛盾使国内局势复杂化，但在外交政策中避免了国际冲突，因此亚历山大三世获得了"和平缔造者"的绰号。由于他的信仰，他是一个保守派，不赞成他父亲亚历山大二世的改革，他统治的期间被称为反改革时期。尽管19世纪末经济繁荣，但社会政治运动的规模变大了。

到19世纪末，俄罗斯经济开始繁荣起来。工业革命，即向机器生产的过渡，已经在主要领域完成。俄罗斯没有通货膨胀，这个国家有坚挺的金本位制。俄罗斯的工业产量排在美国、法国、英国和德国之后，居于第五位。铁路的建设迅速进行，这对于俄罗斯这样一个巨大的国家来说至关重要。俄罗斯进入了新的二十世纪。

Упражнения и задания

Ответьте на вопросы.

1) Какая обстановка была в России в конце 50-х годов XIX века?

2) Почему Александр II назвали «Освободитель»?

3) Что получили крестьяне по манифесту 19 февраля 1861 года?

4) Какие буржуазные реформы были проведены Александром II?

5) За что Александра III прозвали «Миротворцем»?

知识链接

1861 年农奴制改革

19 世纪上半期，资本主义在俄国有了一定发展，但俄国仍然是一个落后的封建农奴制国家，市场狭小，自由劳动力缺乏，社会经济远远落后于西欧国家。19 世纪 50 年代，俄国在克里米亚战争中惨败，更加剧了国内的社会经济危机。

1861 年，沙皇亚历山大二世签署了废除农奴制的法令，规定农奴在法律上有人身自由，地主不能买卖农奴和干涉农奴的生活；农奴可以得到一块地，但必须出钱赎买。

1861 年的改革，是沙皇实行的一次自上而下的、具有资本主义性质的改革，是俄国历史上一个重要的转折点。废除农奴制度，有利于资本主义的发展，加快了其发展的步伐。这次改革很不彻底，保留了大量的封建农奴制残余。

2.2.5 Россия в конце XIX – начале XX веков
19 世纪末至 20 世纪初的俄国

Текст

Социально-экономическое и политическое развитие России в конце XIX – начале XX веков

В конце XIX – начале XX веков в России происходила структурная перестройка промышленности и финансовой сферы. Это было время экономических реформ, изменений в политике и социальной жизни страны.

За последние тридцать лет XIX века российская промышленность увеличила свой потенциал на 270 процентов. После отмены крепостного права в 1861 году объём производства промышленности вырос в 10–12 раз. В России не было инфляции. Страна имела твёрдую золотую валюту. Быстро росло население.

За первые десять лет XX века население России увеличилось на 32 процента и составило 165 миллионов человек, городское население выросло на 70 процентов.

В 1893 году в России начался подъём, который привёл к росту строительства железных дорог. В 1916 году было закончено строительство Сибирской магистрали, которая связала центр России с Сибирью и Средней Азией. Длина железнодорожных путей составила 8,3 тысяч километров.

В начале XX века Россия по объёму производства промышленности вышла на пятое место после США, Франции, Великобритании, Германии. В России быстро развивались машиностроение и металлообработка. Были созданы мощные промышленно-финансовые группы предприятий. Но в политическом отношении Россия оставалась абсолютной монархией, не было конституции, политических свобод.

Постепенно в экономике России усилились противоречия, которые вызвали глубокий кризис самодержавия.

Николай II

Николай II стал русским царём (1894–1917 гг.). Главным принципом его жизни было сохранение самодержавной власти. Сохранить традиции самодержавной власти в условиях острого политического кризиса и революции 1905 – 1907 годов, и так же первой мировой войны (1914–1918 гг.) и февральской буржуазной революции 1917 года не представлялось возможным.

Буржуазно-демократические революции в России в начале XX века

В 1901–1904 годы в России сложилась революционная ситуация, которая привела к первой русской революции 1905 – 1907 годов. Эта революция была буржуазно-демократической, в ней принимали участие: буржуазия, рабочие, крестьяне. Началом революции стали события «Кровавого воскресенья» 9 января 1905 года в Петербурге. Расстрел мирной демонстрации простого народа привёл к размаху рабочего движения. Рабочие устраивали стачки, забастовки, восстания.

Русский император Николай II с помощью министра внутренних дел Столыпина П. А. пытался провести экономическую реформу.

Но ни аграрный, ни рабочий вопросы не были решены. Революция потерпела поражение.

На рубеже XIX – XX веков образовались политические партии: Российская социал-демократическая рабочая партия. В 1903 году она разделилась на две партии: большевики и меньшевики. Главной крестьянской партией была партия социалистов-революционеров (эсеры). Самой крупной буржуазной партией была партия конституционных демократов (кадеты). Крупной монархической партией была партия «Союз русского народа».

В феврале 1917 года в России произошла вторая буржуазная революция. Большое влияние на революционное движение оказала Первая мировая война (1914–1918 гг.). Власть монарха была свергнута. Царь Николай II и его семья были арестованы.

В феврале 1917 года власть перешла в руки Временного правительства. Россия стала буржуазной демократической республикой недолго.

Новые слова и выражения

структýрная перестрóйка 结构重组
увели́чить 增加,增大
процéнт 百分比,百分之
объём 数量;容量;容积
инфля́ция 通货膨胀
состáвить 共计
привести́ к чемý 导致
Сиби́рская магистрáль 西伯利亚大铁路
связáть 把……结合起来
машиностроéние 机器制造
металлообрабóтка 金属加工
мóщный 强大的
финáнсовый 财政的,金融的
уси́литься 增加,加强
противорéчие 矛盾
вы́звать кри́зис 引发危机
самодержáвие 专制制度,专制政体
самодержáвная власть 专制政权
в услóвиях чегó 在……条件下
представля́ться 有
буржуáзно-демократи́ческая револю́ция 资产阶级民主革命
расстрéл 枪决
размáх рабóчего движéния 工人运动蓬勃发展
устрáивать 举行;干出,做出
стáчка 罢工
забастóвка 罢工,罢课,罢市
восстáние 起义
П. А. Столы́пин 彼·阿·斯托雷平
пытáться 企图,试图
рефóрма 改革
агрáрный 农业的;土地的
большеви́к 布尔什维克
меньшеви́к 孟什维克
эсéры 社会革命党
кадéты 立宪民主党
монархи́ческий 君主制的
арестовáть 逮捕

19 世纪末至 20 世纪初俄国的社会经济和政治发展

在 19 世纪末到 20 世纪初,俄罗斯经历了工业和金融方面的结构重组。这是一个经济改革、国家政治和社会生活变化的时代。

在 19 世纪的最后三十年中,俄罗斯工业的潜力增加了 270%。在 1861 年废除农奴制后,工业产量增加到 10—12 倍。俄罗斯没有通货膨胀,拥有坚挺的金本位制。人口增长迅速。

20 世纪前十年,俄罗斯人口增加了 32%,达到 1.65 亿人,城市人口增加了 70%。

1893 年,俄罗斯开始崛起,铁路建设增加。1916 年,西伯利亚铁路竣工,它将俄罗斯的中心与西伯利亚和中亚连接起来。铁路轨道的长度为 8 300 千米。

20 世纪初,俄罗斯工业生产量排名第五,仅次于美国,法国,英国和德国。机器制造和金属加工在俄罗斯发展迅速。创建了强大的工业和金融企业集团。但在政治上,俄罗斯仍然是君主专制,没有宪法,没有政治自由。

渐渐地，俄罗斯经济矛盾激化，引发了严重的专制危机。

尼古拉二世成为俄罗斯沙皇（1894—1917 年在位）。他一生的主要原则是维护专制皇权。在严峻的政治危机、1905—1907 年革命以及第一次世界大战（1914—1918 年）和 1917 年二月资产阶级革命的条件下，不可能保留专制权力的传统。

二十世纪初俄国的资产阶级民主革命

1901—1904 年，俄罗斯出现了革命性的局面，引发了 1905—1907 年第一次俄国革命。这是场资产阶级民主革命，资产阶级、工人和农民都参与其中。革命的开端是 1905 年 1 月 9 日在彼得堡发生的“流血星期日”事件。平民和平示威遭到枪击导致了工人运动的开展。工人举行罢工和起义。

俄罗斯皇帝尼古拉二世在内政部长斯托雷平・彼・阿的帮助下，试图进行经济改革。

但农业和劳工问题都没有得到解决。改革失败了。

在十九至二十世纪之交，政治党派——俄国社会民主工党成立。1903 年，它分裂为两个党派：布尔什维克和孟什维克。主要的农民党派是社会革命党，最大的资产阶级党派是立宪民主党，大型的保皇党派是“俄罗斯人民同盟”。

1917 年 2 月，俄国爆发第二次资产阶级革命。第一次世界大战（1914—1918 年）对革命运动产生了很大的影响。君权被推翻。沙皇尼古拉二世及其家人被捕。

1917 年 2 月，权力交接到临时政府手中。俄罗斯短暂地成为资产阶级民主共和国。

Упражнения и задания

Ответьте на вопросы.

1) Каковы особенности экономического, социального и политического развития России конца XIX – начала XX веков?

2) Какое событие стало началом первой революции?

3) С чьей помощью русский император Николай II вёл экономическую реформу?

4) Кто был последним царём России?

5) Какова судьба семьи Романовых?

知识链接

流血星期日

19 世纪末 20 世纪初，俄国的社会矛盾十分尖锐复杂。1904 年，俄国在日俄战争中连连败阵，更加暴露了沙皇制度的腐朽，加剧了社会矛盾。

1905年1月中旬，彼得堡上百家工厂的工人相继罢工。彼得堡工人组织的“彼得堡工厂工人大会”决定组织一次和平请愿活动。21日他们向彼得堡当局提出了请愿活动的申请，并送交了请愿书副本，得到彼得堡当局的批准。请愿书向沙皇请求公道和保护，还提出了实行8小时工作制、停止战争等要求。

1月22日（俄历1月9日）是星期日，清晨，彼得堡大批罢工工人带着家属，扶老携幼，从四面八方走上街头，汇集成队。他们冒着风雪，举着请愿书、圣像和沙皇尼古拉二世的画像，唱着东正教祷告歌，前往冬宫和平请愿。各路请愿队伍共有十几万人。沙皇政府预先在通向冬宫的一些路口、桥头和冬宫广场布置了大批军警。许多支请愿队伍中的人们遭到军警的殴打、拦堵，未能抵达冬宫。而进入冬宫广场的和平请愿队伍还没来得及送交请愿书，就遭到列队于冬宫墙下的军警的枪击和砍杀。工人们对沙皇的最后一丝幻想在这一天彻底破灭了。

1905年4月，俄国社会民主工党第三次代表大会召开，制定了武装起义、推翻沙皇专制制度的路线方针。此后，革命运动在全国不断扩大和深入。1905年6月，黑海舰队“波将金”号装甲舰水兵起义；10月，莫斯科—喀山铁路工人举行罢工，并发展为全国性政治总罢工；12月，莫斯科工人在布尔什维克党的领导下，举行武装起义，把革命运动推到了顶点。但是由于力量对比悬殊，莫斯科起义最终失败了。以“流血星期日”为序幕的俄国1905年革命，是以推翻沙皇专制统治为目标的资产阶级民主革命，在俄国革命史上具有重要意义，正如列宁所说：“没有1905年的‘总演习’，就不可能有1917年十月革命的胜利。”

二月革命

俄国第二次资产阶级民主革命，因发生于1917年俄历2月（公历3月）而得名。20世纪初，俄国已经进入帝国主义阶段，但国内仍保留大量农奴制残余。1914年第一次世界大战爆发，战争使俄国经济濒于崩溃，给人民带来深重的灾难，社会各种矛盾空前激化，革命形势日趋成熟。列宁提出了“变帝国主义战争为国内战争”的口号，号召各国人民调转枪口，反对本国反动政府。1917年初，俄国革命运动急剧发展。资产阶级也感到沙皇政权已经摇摇欲坠，企图发动宫廷政变。

1917年3月3日（俄历2月18日），彼得格勒（今圣彼得堡）工人开始罢工。10日（俄历2月25日），发展成为反对饥饿、反对帝国主义战争、反对沙皇制度的政治总罢工。沙皇政府下令镇压参加示威和集会的群众，激起人民更剧烈的反抗。11日（俄历2月26日），布尔什维克维堡区委员会决定将罢工转变为武装起义。3月12日（俄历2月27日），起义席卷全城。驻守彼得格勒的士兵拒绝向工人开枪，大批转到革命方面。起义士兵和工人逮捕沙皇的大臣和将军，释放政治犯，布尔什维克党中央发出《告全体俄国公民书》，宣布首都已经转到起义人民手中。革命在全国迅猛展开。3月15日，末代沙皇尼古拉二世被迫退位，统治俄国长达300多年的罗曼诺夫王朝彻底覆灭。

革命期间，彼得格勒工人和士兵建立新的政权——工兵代表苏维埃。同时，资产阶级得到孟什维克和社会革命党人的支持，利用人民革命的胜利，成立俄国临时政府，形成了两个政权并存的局面。临时政府没有给人民带来和平、土地、面包和自由，同沙皇政府一样，是反革命、反人民的政府。二月革命只是完成变帝国主义战争为国内战争的第一阶段。列宁和布尔什维克党领导群众继续前进，并在8个月后夺取了十月社会主义革命的伟大胜利。

2.3 СОЮЗ СОВЕТСКИХ СОЦИАЛИСТИЧЕСКИХ РЕСПУБЛИК
苏维埃社会主义共和国联盟

Текст

От февраля к октябрю, победа большевиков и Гражданская война

После победы Февральской революции (1917 года) в России были проведены демократические преобразования. Россия стала демократической республикой. В стране шла борьба за власть. В результате участия России в Первой мировой войне в стране начался социально-экономический и политический кризис.

Сложилось двойственное положение в политике. Этим двойственным положением в стране воспользовалась хорошо организованная партия большевиков во главе с В. И. Лениным. Большевики победили 25 октября 1917 года в Петрограде, они совершили переворот, который впоследствии называли Октябрьской революцией.

Большевики провели экономические и политические преобразования. Создали государство диктатуры пролетариата, вся собственность была объявлена государственной, приняли Декрет о мире и Декрет о земле.

С 1917 по 1922 годы в России продолжалась гражданская война. Во многих городах Урала, Поволжья, Сибири начались мятежи — вооружённая борьба. Белая армия воевала с красной армией. Красная армия — большевики, победили в гражданской войне. В 1919 году основные армии белых генералов: Колчака, Деникина были разбиты. Советская власть была восстановлена на большей части России. (Советы — выборные органы политической власти. Советы возникли в ходе революции 1905-1907 годов.)

СССР в 20–30-е годы

После окончания гражданской войны большевики провели экономические, социальные и политические реформы. Была введена новая экономическая политика (НЭП). В 1922 году был образован СССР (Союз Советских Социалистических Республик). Советская власть была признана некоторыми государствами на международной арене.

В 1924 году умер В. И. Ленин от тяжёлой болезни (атеросклероза).

Во главе правящей партии стал И. В. Сталин. Он был у власти с 1922 по 1953 годы.

За короткий срок была проведена индустриализация (создана тяжёлая промышленность, восстановлена экономика). В конце 30-х годов СССР вышел на 2-е место в мире после США по объёму промышленной продукции.

В 30-е годы в СССР была создана командно-административная система управления хозяйством. Была проведена коллективизация в сельском хозяйстве: созданы колхозы.

В начале 1939 года стало ясно, что мир стоит на пороге новой мировой войны. В августе 1939 года СССР заключил договор с Германией о ненападении, но этот договор был нарушен Германией.

СССР во Второй мировой войне (1939 – 1945 **гг.**) **и в послевоенные годы** (1946 – 1953 **гг.**)

1 сентября 1939 года Германия вступила в войну против Польши. Эта дата считается началом Второй мировой войны.

22 июня 1941 года Германия вместе со своими союзниками неожиданно для Советского Союза начала войну. В первые месяцы войны сложилась трудная обстановка на фронте. На центральном направлении развернулись оборонительные бои за Москву; на северо-западе был блокирован Ленинград (ныне Санкт-Петербург).

В ноябре – декабре 1941 года Германия проиграла битву за Москву. В декабре 1941 года во Вторую мировую войну вступили США.

С июля 1942 года по февраль 1943 г. продолжалась Сталинградская битва. Победа Красной армии под Сталинградом положила начало коренному перелому в ходе II Мировой войны.

В 1944 году СССР был освобождён. 6 июня 1944 года войска союзников (США и Англии) вместе с Красной армией начали освобождение Европы от фашизма. 9 мая 1945 года стало Днём Победы над фашизмом в Европе.

2 сентября 1945 года Вторая мировая война закончилась. Во Второй мировой войне участвовало 61 государство с населением 1,7 млрд. человек, погибло 50 млн. человек. СССР внёс решающий вклад в разгром фашизма.

Война нанесла огромный ущерб СССР. Страна потеряла 30% своего национального богатства, 27 млн. человеческих жизней. После войны были восстановлены многие города: Сталинград (ныне Волгоград), Минск, Воронеж и др.

К началу 50-х годов СССР превзошёл довоенный уровень экономического развития.

СССР в 60–80-е годы и в годы перестройки (1985–1991 **гг.**)

С 1953 по 1964 гг. во главе правящей партии и государства находился Н. С. Хрущёв. Период его правления называется «Оттепель». Были проведены политические и социально-экономические реформы. Была проведена либерализация внешней политики.

В 1962 году был Карибский кризис на Кубе, который удалось предотвратить, мир находился на грани новой войны. В 1964 году Хрущёв был смещён со всех постов и отправлен на пенсию.

С 1964 г. по 1982 г. во главе партии находился Л. И. Брежнев. Этот период получил название «Застой». Слабость экономики создала условия для социального противостояния в обществе.

С 1985 по 1991 годы во главе правящей партии и государства был М. С. Горбачёв. Он провозгласил перестройку, политику гласности. Экономические трудности нарастали.

Новые слова и выражения

гражда́нская война́ 国内战争

демократи́ческое преобразова́ние 民主改革

дво́йственный 两重的;两面性的

воспо́льзоваться 利用;趁

впосле́дствии 以后,后来

диктату́ра пролетариа́та 无产阶级专政

Декре́т о земле́《土地法令》

мяте́ж 叛乱,暴动

вооружённая борьба́ 武装战争

терро́р 恐怖,恐怖手段

генера́л 将军,大将

восстанови́ть 恢复;再生

НЭП (но́вая экономи́ческая поли́тика) 新经济政策

СССР (Сою́з Сове́тских Социалисти́ческих Респу́блик) 苏维埃社会主义共和国联盟

аре́на 舞台

атероскле́роз 动脉粥样硬化

пра́вящая па́ртия 执政党

индустриализа́ция 工业化

кома́ндно-администрати́вная систе́ма 行政命令体制

коллективиза́ция 集体化

нару́шить 破坏

сою́зник 盟友

разверну́ться 展开

оборони́тельный бой 防御战

блоки́ровать 封锁

перело́м 转折

фаши́зм 法西斯主义

внести́ вклад 做出贡献

разгро́м 击溃,粉碎;破坏

нанести́ уще́рб 使遭受损失

о́ттепель 解冻

либерализа́ция 自由化

Кари́бский кри́зис 加勒比危机

предотврати́ть 预防

на гра́ни 处于边缘,濒临

смести́ть 免职

засто́й 停滞

从二月到十月,布尔什维克的胜利及国内战争

二月革命(1917年)胜利后,在俄罗斯进行了民主改革。俄罗斯成为民主共和国。国内发生了一场权力斗争。俄国加入第一次世界大战,由此引发了社会经济和政治危机。

政治上存在着矛盾的局面。由弗·伊·列宁领导的组织良好的布尔什维克党利用了国内这种矛盾的局面。布尔什维克于1917年10月25日在彼得格勒获胜,他们发动的革命后来被称为"十月革命"。

布尔什维克进行了经济和政治改革,建立了无产阶级专政,所有财产都被收归国有,并通过了《和平法令》和《土地法令》。

1917—1922年,俄罗斯持续内战。在乌拉尔、伏尔加河地区和西伯利亚的许多城市发生了骚乱——武装战争。白军与红军交战。红军,即布尔什维克,在内战中获得了胜利。1919年,白军将领高尔察克、邓尼金的主军被击败。俄罗斯大部分地区恢复了苏维埃政权。(委员会是选举产生的政治权力机构,于1905—1907年革命期间产生。)

20世纪20至30年代的苏联

内战结束后,布尔什维克进行了经济、社会和政治改革,实行新经济政策。1922年,苏联(苏维埃社会主义共和国联盟)成立。苏维埃政权在国际舞台上得到了一些国家的承认。

1924年,弗·伊·列宁病逝(动脉粥样硬化)。

约·维·斯大林成为执政党的领导人。他在1922年到1953年期间执政。

在短时间内进行工业化(发展重工业,恢复经济)。在20世纪30年代末,苏联在工业产出方面仅次于美国,位居世界第二。

20世纪30年代,苏联形成了经济管理的行政命令体制。实行农业集体化:创建了集体农庄。

1939年年初,世界面临第二次世界大战。1939年8月,苏联与德国缔结互不侵犯条约,但德国破坏了条约。

第二次世界大战中的苏联(1939—1945年)和战后的苏联(1946—1953年)

1939年9月1日,德国对波兰开战。这一天是第二次世界大战的开始。

1941年6月22日,德国与其盟国突然对苏联开战。在战争的头几个月,前线战况艰难。莫

斯科保卫战向中心方向展开;(敌军)在西北封锁了列宁格勒(今圣彼得堡)。

1941 年 11 月至 12 月,德国输掉了莫斯科战役。1941 年 12 月,美国加入第二次世界大战。

从 1942 年 7 月到 1943 年 2 月,斯大林格勒战役持续展开。红军在斯大林格勒战役上的胜利是第二次世界大战根本转折的开始。

1944 年,苏联解放。1944 年 6 月 6 日,盟军(美国和英国)与红军一起开始将欧洲从法西斯主义中解放出来。1945 年 5 月 9 日是欧洲战胜法西斯主义的日子。

1945 年 9 月 2 日,第二次世界大战结束。61 个国家的 17 亿人参加了第二次世界大战,5 000 万人死亡。苏联为反法西斯的胜利做出了决定性的贡献。

战争对苏联造成了巨大的破坏,国家失去了 30% 的财富,2 700 万人牺牲。战后很多城市重建:斯大林格勒(今伏尔加格勒)、明斯克、沃罗涅日等。

到 20 世纪 50 年代初,苏联已经超过了战前的经济发展水平。

20 世纪 60 至 80 年代的苏联和改革时期的苏联(1985—1991 年)

1953 年到 1964 年间,尼·谢·赫鲁晓夫担任执政党和国家的领导人。他执政期间被称为“解冻时期”。进行了政治和社会经济改革。推行外交政策自由化。

1962 年,古巴发生了加勒比危机,这场危机被成功避免,世界面临新的战争。1964 年,赫鲁晓夫被免去一切职务并退休。

1964 年到 1982 年,列·伊·勃列日涅夫成为党的领袖。这一时期被称为“停滞时期”。经济疲软加剧了社会矛盾。

1985 年至 1991 年,米·谢·戈尔巴乔夫担任执政党和国家领导人。他宣布改革,实行公开性政策。经济困难加剧。

Упражнения и задания

Ответьте на вопросы.

1) Когда победила Октябрьская революция?

2) Какие преобразования провели большевики после победы Октябрьской революции?

3) Какие крупные изменения произошли в Советском Союзе в 20–30 годы?

4) Когда был образован СССР?

5) Во время чьего правления была проведена индустриализация и коллективизация?

知识链接

苏联的工业化与农业集体化

1924年1月列宁逝世后，斯大林成为苏联党和国家的领导人。在斯大林领导时期形成了后来被称作"斯大林模式"的经济、政治体制。

经济——社会主义工业化

20世纪20年代中期，在新经济政策的推动下，苏联的国民经济恢复工作初见成效。然而国家的工业基础仍十分薄弱，经济仍落后。在这种情况下，斯大林决定走一条赶超西方发达国家的道路。他中止了新经济政策，提出优先发展重工业的方针，推行高度集中的计划经济体制。从1928年起，苏联开始实施"五年计划"，在建设项目、资金、劳动力等方面，实行向重工业倾斜的政策。第一个"五年计划"完成时，重工业在工业总产值中的比重已过半。苏联政府宣布，苏联由一个农业国变成工业-农业国。第二个"五年计划"期间，重工业的年增长率继续高于轻工业和农业。1937年，当第二个"五年计划"完成时，苏联已经成为世界工业强国，工业产量居欧洲首位、世界第二位，基本实现了"社会主义工业化"的目标。

这条快速工业化道路确立了高度集中的计划经济体制，既让苏联免受资本主义经济危机的侵袭，又使国民经济高速发展，因而后来成为许多发展中国家的效仿对象。

经济——农业集体化

新经济政策初期，苏联在引导农民走社会主义道路方面采取较为慎重的方针，尽量照顾农民的承受能力，坚持自愿原则。1928年初，苏联发生粮食收购危机。斯大林担心农业问题影响社会主义工业化进程，因而决定加快农业集体化步伐，把分散的小农户转变为以公共耕种制为基础的联合起来的国营农庄，以实现机械化的集约耕种。

1929年11月，斯大林发表《大转变的一年》，宣称农村发生了"根本转变"，农民已经"整村、整乡、整区甚至整个专区"地加入了农庄。不久之后，联共(布)中央根据斯大林的要求，制定推动集体化的措施和方法。到1937年，集体化的任务全面完成。

2.4 РОССИЙСКАЯ ФЕДЕРАЦИЯ

俄罗斯联邦

Текст

Российская Федерация в 1991–1999-е годы

С 12 июня 1991 г. по 1999 г. президентом России был Б. Н. Ельцин.

19 августа 1991 г. в стране был политический кризис.

23 августа 1991 г. был подписан указ о приостановлении деятельности Коммунистической партии РСФСР (Российская Советская Федеративная Социалистическая Республика).

8 декабря 1991 г. на Минской встрече главы трёх республик России, Украины и Белоруссии заявили о прекращении существования СССР и образовании СНГ — Содружества Независимых Государств.

12 декабря Верховный Совет РСФСР отменил Договор об образовании СССР 1922 года и отозвал российских депутатов из Верховного Совета СССР.

25 декабря 1991 специальным законом РСФСР была переименована в Российскую Федерацию (Россию).

Политическое строительство сопровождалось экономическими реформами, которые называются «шоковая терапия». 1 января 1992 года было отменено государственное регулирование цен.

В первой половине 1990-х большое количество предприятий было приватизировано: путём ваучерной приватизации, а также через залоговые аукционы. 17 августа 1998 года Правительство России объявило об остановке платежей по ряду обязательств, в том числе ГКО и ОФЗ. В 1999 году в России начался экономический рост, длившийся несколько лет.

В 1994–1996 г. была первая чеченская война.

Российская Федерация в 2000–2008-е годы

16 августа 1999 г. Госдума утвердила В. В. Путина в должности председателя правительства РФ.

26 марта 2000 г. президентом России был избран В. В. Путин.

Конфликт между российским правительством и чеченскими сепаратистами продолжался во время первого президентского срока Путина. В 1999–2009 г. была вторая чеченская война. В этой войне Российская Федерация восстановила контроль над Чечнёй.

В первые годы правления Путина в России был проведён ряд социально-экономических реформ: налоговая, земельная, пенсионная, банковская, монетизация льгот, реформы трудовых отношений, электроэнергетики и железнодорожного транспорта. В 2000–2008 годах в России наблюдался рост российской экономики, инвестиций, доходов населения, чему способствовали проведённые реформы, политическая стабильность, а также повышение цен на товары российского экспорта (особенно минерально сырьевой базы). Этот период ознаменовался повышением уровня жизни многих россиян, а также появлением нового среднего класса.

В 2004 году истёк первый президентский срок Путина, и в том же году он был переизбран президентом Российской Федерации, начав свой второй президентский срок.

После 8 лет напряжённой работы В. В. Путина, конституция была восстановлена, вертикально управляемая федеральная правящая власть укреплена, а валовой внутренний продукт увеличился почти на 30% и погасил внешний долг в размере 50 миллиардов долларов США. Феномен задолженности по пенсиям и заработной плате рабочих и пенсионеров в основном преодолён, и уровень жизни людей значительно повысился.

Российская Федерация в 2008–2012-е годы

Второй срок полномочий Путина закончился в 2008 г. Бывший премьер-министр России Медведев был избран третьим президентом России в 2008 г., а Путин занимал пост премьер-министра Российской Федерации.

В 2008 году Медведев выдвинул теорию реализации модернизации страны, и модернизация стала темой нового российского правительства. В послании федеральному собранию 2009 года он назвал модернизацию вопросом выживания страны и заявил, что медлить с этим больше нельзя. Модернизировать, по словам Медведева, необходимо экономику в целом, а также производственную сферу, армию, медицину, технологии, вплоть до космических, образование и воспитание человека. Символом новой экономики призван стать инновационный центр «Сколково», созданный по инициативе Медведева.

11 ноября 2008 года, Медведев предложил внести в Конституцию РФ поправки об увеличении срока президентских полномочий с четырёх до шести лет. Это стало первым изменением российской Конституции за всю её пятнадцатилетнюю историю.

В период президентства Дмитрия Медведева стабилизировался рост населения, увеличился процент многодетных семей. Он продолжил политику Владимира Путина в области сельского хозяйства. При президенте Медведеве реальные доходы населения выросли почти на 20%, двукратно увеличился средний размер пенсий; более миллиона семей улучшили жилищные условия благодаря программе материнского капитала. Многое было сделано в сфере малого бизнеса — Медведев способствовал упрощению процедуры открытия собственного дела, а также снял некоторые ограничения для предпринимателей.

Президентство Медведева закончилось в 2012 году, когда Владимир Путин, занимавший пост премьер-министра во время президентства Медведева, был переизбран президентом.

Российская Федерация в 2012–2020-е годы

На выборах 4 марта 2012 года Путин в третий раз был избран президентом РФ.

В третий президентский срок Путина Россия стала организатором целого ряда престижных международных турниров, в том числе Зимней Олимпиады 2014 года в Сочи, Всемирного фестиваля молодёжи и студентов, прошедшего в октябре 2017 года.

В 2015 году Путин выдвинул конкретную и практическую инициативу Большое Евразийское партнёрство (БЕП) в целях формирования широкого интеграционного контура на евразийском континенте.

В ноябре 2017 года Владимир Путин озвучил целый ряд инициатив в социально-демографической сфере, среди них — продление программы материнского капитала до конца 2021 года, субсидирование ипотечной ставки для семей, у которых родится второй или третий ребёнок, а также установление с января 2018 года ежемесячной выплаты на рождение первенца до полутора лет. Кроме того, президент поручил ликвидировать очереди в ясли и повысить качество медицинского обслуживания для детей.

7 мая 2018 года Владимир Путин в четвёртый раз принёс присягу главы государства — на новый срок он был переизбран с рекордными 76,69% голосов.

В марте 2020 года Владимир Путин подписал закон о поправках в Конституцию. Изменения Основного закона посвящены новым требованиям, выдвигаемым к президенту, членам правительства и госчиновникам разного уровня, закрепляют социальные гарантии государства перед гражданами, меняют круг полномочий парламента, запрещают отчуждение федеральных территорий, устанавливают статус русского языка. Кроме того, поправки позволяют действующему президенту вновь баллотироваться на этот пост 2024 году.

Новые слова и выражения

РСФСР — Росси́йская Сове́тская Федерати́вная Социалисти́ческая Респу́блика 俄罗斯苏维埃联邦社会主义共和国

отозва́ть 召回,撤回

депута́т 议员,代表

шо́ковая терапи́я 休克疗法

регули́рование 调节

ва́учерный 有价债券的

приватиза́ция 私有化

зало́говый аукцио́н 抵押拍卖

ГКО — госуда́рственные краткосро́чные облига́ции 短期国债

ОФЗ — облига́ции федера́льного за́йма 联邦公债券

чече́нская война́ 车臣战争

монетиза́ция льгот 福利货币化

истéчь 届满，到期

вертика́льно 垂直地

валово́й вну́тренний проду́кт 国内生产总值

модерниза́ция 现代化

посла́ние 咨询，咨文

выжива́ние 幸存，保全

вплоть до 直到……为止

инновацио́нный 创新的

инициати́ва 提议，倡议

попра́вка 校正，修改

турни́р 比赛

БЕП —Большо́е Еврази́йское партнёрство 大欧亚伙伴关系

интеграцио́нный 整体化的，一体化的

субсиди́рование ипоте́чной ста́вки 抵押贷款利率补贴

баллоти́роваться 竞选

1991 年至 1999 年的俄罗斯联邦

1991 年 6 月 12 日至 1999 年，鲍·尼·叶利钦任俄罗斯总统。

1991 年 8 月 19 日，俄罗斯发生政治危机。

1991 年 8 月 23 日签署了关于暂停俄罗斯苏维埃联邦社会主义共和国共产党活动的法令。

1991 年 12 月 8 日，在明斯克会议上，俄罗斯、乌克兰和白俄罗斯三个共和国的首脑宣布苏联已终止存在以及建立独联体，即独立国家联合体。

12 月 12 日，俄罗斯苏维埃联邦社会主义共和国最高苏维埃废除了 1922 年的《苏维埃社会主义共和国联盟成立条约》，并召回了苏联最高苏维埃的俄罗斯代表。

1991 年 12 月 25 日，根据一项特别法，俄罗斯苏维埃联邦社会主义共和国更名为俄罗斯联邦（俄罗斯）。

政治建设伴随着被称为“休克疗法”的经济改革。1992 年 1 月 1 日，政府取消了对价格的管制。

20 世纪 90 年代上半期，大量企业通过私有化债券、抵押拍卖来实现私有化。1998 年 8 月 17 日，俄罗斯政府宣布暂停支付一些债务，包括短期国债和联邦公债券。1999 年，俄罗斯开始了持续几年的经济增长。

1994 年—1996 年发生了第一次车臣战争。

2000 年至 2008 年的俄罗斯联邦

1999 年 8 月 16 日，国家杜马批准弗·弗·普京为俄罗斯联邦政府总理。

2000 年 3 月 26 日，弗·弗·普京当选俄罗斯总统。

在普京的第一个总统任期内，俄罗斯政府与车臣分离主义分子之间的冲突仍在继续。1999 年—2009 年是第二次车臣战争，俄罗斯联邦在这次战争中重新夺回对车臣的控制权。

在普京执政的前几年，俄罗斯进行了一系列社会经济改革：税收、土地、养老金、银行、福利货

币化、劳工关系、电力和铁路运输改革。2000 年至 2008 年间，俄罗斯经济、投资和人民收入有所增长，这得益于改革的推行、政治的稳定和俄罗斯出口产品（特别是矿产资源）价格的上涨。在此期间，许多俄罗斯人的生活水平提高，新的中产阶级崛起。

2004 年，普京的第一个总统任期届满，同年他再次当选俄罗斯联邦总统，开始了他的第二个总统任期。

经过弗·弗·普京 8 年的辛勤工作，宪法得以恢复，垂直管理的联邦统治权得到加强，国内生产总值增长了近 30%，并偿还了 500 亿美元的外债。拖欠工人和退休者工资和养老金的现象基本得到解决，人民生活水平显著提高。

2008 年至 2012 年的俄罗斯联邦

普京的第二个任期于 2008 年结束，俄罗斯前总理梅德韦杰夫于 2008 年当选为俄罗斯第三任总统，普京则担任俄罗斯联邦总理。

2008 年，梅德韦杰夫提出了实现国家现代化的理论，现代化成为俄罗斯新政府的主题。梅德韦杰夫在 2009 年向联邦议会发表年度国情咨文时，将现代化称为关系到国家存亡的问题，并表示不能再拖延了。梅德韦杰夫认为，有必要实现整个经济及生产领域、军队、医疗、技术（包括太空技术）、教育和育人的现代化。在梅德韦杰夫倡议下建立的斯科尔科沃创新中心旨在成为新经济的象征。

2008 年 11 月 11 日，梅德韦杰夫提议修改俄罗斯宪法，将总统任期从 4 年延长至 6 年。这是俄罗斯宪法 15 年历史上的首次修改。

在德米特里·梅德韦杰夫担任总统期间，人口增长趋于稳定，多子女家庭的比例有所增加。他延续了弗拉基米尔·普京在农业领域的政策。在梅德韦杰夫总统的领导下，居民实际收入增长了近 20%，养老金的平均金额翻了一番，在母亲基金项目的帮助下，一百多万个家庭改善了住房条件。在小企业领域已经做了很多工作，梅德韦杰夫简化了创业程序，并取消了对企业家的一些限制。

梅德韦杰夫的总统任期于 2012 年结束，在梅德韦杰夫担任总统期间担任总理的弗拉基米尔·普京再次当选总统。

2012 年至 2020 年的俄罗斯联邦

在 2012 年 3 月 4 日的大选中，普京第三次当选俄罗斯联邦总统。

在普京的第三次总统任期内，俄罗斯举办了多项著名的国际赛事，包括 2014 年索契冬奥会和 2017 年 10 月举办的世界青年学生联欢节。

2015 年，普京提出了一项具体且务实的倡议，即大欧亚伙伴关系，以便在欧亚大陆形成广泛的一体化轮廓。

2017 年 11 月，弗拉基米尔·普京宣布了关于社会人口领域的一系列举措，其中包括将母亲基金项目延长至 2021 年年底，为将生育第二个或第三个孩子的家庭提供抵押贷款利率补贴，以及从 2018 年 1 月起，为一岁半以下的头胎婴儿设立月津贴。此外，总统还下令消除托儿所入学排队现象，提高儿童医疗质量。

2018年5月7日，弗拉基米尔·普京第四次宣誓就任国家元首——他以创纪录的76.69%的得票率当选新一届总统。

2020年3月弗拉基米尔·普京签署了宪法修正草案。《基本法》修正案致力于向总统、政府成员和各级国家官员提出的新要求，巩固国家对公民的社会保障，改变议会的权力范围，禁止转让联邦领土，并确立俄语的地位。此外，修正案允许现任总统在2024年再次竞选总统职位。

Упражнения и задания

Ответьте на вопросы.

1) О чём заявили на Минской встрече8 декабря 1991 г.？

2) Когда произошли первая чеченская война и вторая чеченская война?

3) Какие реформы были проведены в первые годы правления Путина в России?

4) Какой вклад внёс Медведев в развитие России за время своего управления?

5) Какие меры принял Путин в ходе своего третьего президентского срока по решению демографических проблем?

Контрольная работа

1. Первоначальная русская летопись — ____________.

2. Великий торговый путь — ____________.

3. Восточные славяне — будущие ____________.

4. Датой образования Древнерусского государства принято считать ____________ год. Столицей стал ____________. Государство стали называть ____________.

5. Первый свод государственных законов Киевской Руси — ____________.

6. В ____________ году Русь принимает христианство в качестве государственной религии.

7. Как первый великий реформатор вошёл в русскую историю ____________.

8. При ____________ Киевская Русь стала одним из сильнейших государств Европы.

9. По языку славяне относятся к большой семье ____________ языков.

10. Во Владимиро-Суздальском княжестве известными князьями были ____________.

11. В ____________ году в летописи впервые упоминается Москва, пока ещё небольшой пограничный город на территории Владимиро-Суздальского княжества.

12. В 1237 году войска ____________ вторглись в русские земли.

13. В низовьях Волги монголо-татары основали своё государство ____________.

14. В 1240 году произошла Невская битва, в которой отличился князь Александр Ярославович, прозвище которого было ____________.

15. В 1242 году состоялось знаменитое ____________, которое окончательно остановило агрессию на северо-западные земли Руси.

16. ____________ княжество стало центром национального объединения Руси на рубеже XIV－XV веков.

17. Иван I был известным московским князем. Его прозвище ____________.

18. Впервые русские одержали победу над монголо-татарами в ____________ битве.

19. Дмитрий Иванович после Куликовской битвы получил прозвище ____________.

20. Князь ____________ перестал платить дань Золотой Орде.

21. В ____________ году закончилось более чем двухсотлетнее монголо-татарское иго.

22. ____________ 1497 года был первым законом. После этого крестьянин мог уйти от своего хозяина к другому только один раз в год 26 ноября (Юрьев день).

23. ____________ был первым российским царём.

24. При ____________ прошла Ливонская война за выход в Балтийское море, закончившаяся неудачно для России.

25. При ____________ ввели герб с двуглавым орлом.

26. В 1565 году Иван IV вводит ____________, которая сопровождалась массовыми казнями, террором.

27. За время правления ____________ в состав России присоединяется земля Сибири.

28. Начало XVII века историки назвали ____________.

29. В 1598 году со смертью Фёдора Ивановича в России заканчивается династия ____________.

30. В память об освобождении Москвы и России на Красной площади был установлен памятник ____________.

31. В 1613 году в России была установлена новая царская династия ____________.

32. В 1670－1671 годах произошла крестьянская война под предводительством ____________, он отличился своими военными и грабительскими походами.

33. Важным стимулом к проведению реформ у Петра I стала ____________ за выход к Балтийскому морю.

34. ____________ проводит новую налоговую политику, первую перепись населения, реформу церкви.

35. После победы в Северной войне Пётр I получает титул ____________, теперь Россию

называют ____________. В России устанавливается абсолютная монархия.

36. В 1703 году началось строительство ____________, а в ____________ году этот город стал столицей России.

37. Россия стала одной из сильнейших европейских государств, чему особенно способствовала победа в Северной войне и получение выхода в ____________.

38. Просвещённый абсолютизм в России связан с именем ____________.

39. При ____________ положение крестьян стало особенно тяжёлым.

40. В результате двух ____________ войн Россия укрепилась на Чёрном море, частично были присоединены территории Кавказа, осуществлён раздел Польши.

41. В 1773–1775 годы в России произошла новая крестьянская война под предводительством ____________.

42. Книга А. Н. Радищева «____________» о тяжёлом положении народа была сожжена, а автор сослан в Сибирь.

43. В 1812 году французская армия перешла границу России. Со стороны России война носила справедливый, освободительный характер и называлась ____________.

44. Французский император ____________ стремился к мировому господству, и война с Россией была последним шагом к осуществлению его цели.

45. Александр Ⅰ назначил главнокомандующим русской армии талантливого полководца ____________.

46. Первыми русскими революционерами были ____________.

47. Время правления императора ____________ (1825–1855) — это период политической реакции в России.

48. В 1853 году между Россией и ____________ произошла война за черноморские проливы. Отсталая Россия проиграла войну и потеряла право иметь свой флот в ____________ море.

49. В 1861 году император ____________ издал манифест об освобождении крестьян.

50. Александра Ⅱ называют ____________.

51. Правление Александра Ⅲ (1881–1894 гг.) было самым мирным в истории России. Александр Ⅲ и получил прозвище ____________.

52. К концу XIX века в России завершился переход на ____________ производство.

53. В конце XIX века по объёму производства Россия занимала ____________ место после США, Франции, Великобритании, Германии.

54. В ____________ годах в России произошла первая русская буржуазно-демократическая революция.

55. Началом первой революции стали события «____________» 9 января 1905 года в Петербурге.

56. Император Николай Ⅱ с помощью министра внутренних дел ____________ провёл

экономическую реформу.

57. В феврале ____________ года в России произошла вторая буржуазная революция. Власть монарха была свергнута.

58. 25 октября 1917 года в Петрограде произошла ____________.

59. С 1917 по 1922 годы в России продолжалась ____________ война. Белая армия воевала с красной армией.

60. В ____________ году был образован СССР.

61. Сталин был у власти с ____________ по ____________ годы.

62. В СССР была проведена ____________ и в конце 30-х годов СССР вышел на 2-е место в мире после США по объёму промышленной продукции.

63. В 30-е годы в СССР была проведена ____________ в сельском хозяйстве.

64. С июля 1942 года по февраль 1943 г. продолжалась ____________ битва, которая положила начало коренному перелому в ходе Ⅱ Мировой войны.

65. В первые месяцы второй мировой войны на ____________ фронте был блокирован Ленинград.

66. С 1953 по 1964 гг. во главе правящей партии и государства находился ____________, с 1964 г. по 1982 г. во главе государства находился ____________, с 1985 по 1991 годы во главе правящей партии и государства был ____________, с 12 июня 1991 г. по 1999 г. президентом России был ____________.

67. 8 декабря 1991 г. на Минской встрече главы трёх республик России, Украины и Белоруссии заявили о прекращении существования СССР и образовании СНГ — ____________
____.

68. 25 декабря 1991 специальным законом РСФСР была переименована ____________
____.

69. Владимир Путин был избран президентом России в ____________ году.

70. Медведев предложил внести в Конституцию РФ поправки об увеличении срока президентских полномочий с ____________ до ____________ лет.

71. Россия провела 22-ю зимнюю Олимпиаду в ____________ году.

РАЗДЕЛ 3 РУССКАЯ КУЛЬТУРА
第三单元 俄罗斯文化

3.1 ПРАЗДНИКИ
节日

3.1.1 Современные праздники
现代节日

Текст

Сегодня в России много государственных праздников. Самый популярный и любимый — **Новый год**. Его отмечают в ночь с 31 декабря на 1 января. С этим праздником связано много традиций. Главный его символ — новогодняя ёлка. Ёлку украшают разными игрушками, а под неё кладут подарки. Любимые праздничные персонажи — Дед Мороз и его внучка Снегурочка. У Деда Мороза длинная белая борода, в одной руке он держит посох, а в другой — мешок с подарками для детей. Появляются и новые новогодние традиции. Например, в последние минуты старого года российский президент поздравляет по телевидению всех жителей России. После двенадцатого удара кремлёвских курантов наступает Новый год.

23 февраля — **День защитника Отечества** — считается мужским праздником. Этот праздник отмечают все, кто служил в армии. В этот день женщины поздравляют мужчин, а девочки в школах поздравляют мальчиков — будущих защитников Отечества.

8 марта — **Международный женский день.** Это первый весенний праздник, праздник женщины. Мужчины поздравляют женщин и на работе и дома, дарят им цветы и подарки.

9 мая вся страна празднует **День Победы** в Великой Отечественной войне (1941— 1945 гг.). В этом празднике соединились радость победителей и слёзы о погибших. В 1945 г. победа над фашистской Германией отмечалась дважды: 9 мая в Москве был праздничный салют, а 24 июня на Красной площади прошёл торжественный Парад Победы. Теперь военный парад на Красной площади и вечерний салют стали традиционными.

Другие государственные праздники современного российского календаря — **День России** (12 июня), **День народного единства** (4 ноября), **Праздник весны и труда** (1 мая).

Среди негосударственных праздников в России популярен **Татьянин день** (день святой Татьяны) — 25 января. В этот день в 1755 г. императрица Елизавета подписала указ об открытии в Москве университета. Поэтому Татьянин день отмечается как **День студентов**.

1 сентября отмечается в России как **День знаний**. В этот день начинаются занятия во всех школах и вузах страны. Особенно торжественно встречают этот день первоклассники — они в первый раз идут в школу. Нарядно одетые школьники несут своим учителям букеты цветов.

В России у многих профессий есть свои праздничные дни. Свой профессиональный праздник отмечают врачи и учителя, милиционеры и шахтёры, железнодорожники и геологи. Особенно популярным стал **День учителя**, который отмечается 5 октября. Учитель — одна из самых важных профессий на земле. И каждый в День учителя с благодарностью вспоминает их и поздравляет с праздником.

Новые слова и выражения

отмечáть 庆祝
персонáж 人物
пóсох 手杖,拐杖
курáнты 自鸣钟
защи́тник 保卫者
прáздновать 庆祝
соедини́ться 结合
салю́т 礼炮
воéнный парáд 阅兵式
подписáть укáз 签署命令
наря́дно 漂亮地

今天俄罗斯有许多国家节日。最受人们欢迎和喜爱的是新年。人们在 12 月 31 日至 1 月 1 日的晚上庆祝该节。有许多传统与这个节日有关。它的主要象征是新年枞树。人们用各种玩具装饰枞树,并在树下放置礼物。最喜欢的节日人物是严寒老人和他的孙女雪姑娘。严寒老人留着长长的白胡子,他一只手拿着一根手杖,另一只手拿着一袋送给孩子们的礼物。同时也兴起了一些新的新年传统。例如,在旧年的最后几分钟,俄罗斯总统在电视上向俄罗斯全体人民表示祝贺。在克里姆林宫的第十二次钟声敲响后,新年到来了。

2 月 23 日是卫国者日,这被认为是男人的节日。所有在军队服过役的人都会庆祝这个节日。在这一天,女人们向男人表示祝贺,在校女生则向男生——未来的祖国卫士表示祝贺。

3 月 8 日是国际妇女节。这是春天的第一个节日,也是女人的节日。男性会给女性的同事、亲人送上节日问候,向她们赠送鲜花和礼物。

5 月 9 日,全国庆祝伟大卫国战争(1941—1945 年)胜利日。这个节日既有胜利者的喜悦,又有对逝者的悲痛之情。1945 年,两次庆祝战胜纳粹德国:5 月 9 日,莫斯科鸣放节日礼炮,6 月 24 日,在红场举行了庄严的胜利阅兵式。现在,红场阅兵式和晚上鸣放礼炮已成为传统。

现代俄罗斯日历上的其他国家节日还有俄罗斯日(6月12日)、人民团结日(11月4日)、春日节劳动节(5月1日)。

在俄罗斯的非国家节日中,1月25日的达吉娅娜节(圣达吉娅娜日)最受欢迎。1755年的这一天,伊丽莎白女皇签署了一项关于在莫斯科开设大学的法令。因此,达吉娅娜节被定为大学生节。

9月1日是俄罗斯的知识日。全国所有的中小学和大学都在这一天开学。一年级学生格外隆重地庆祝这一天——这是他们第一次上学。打扮漂亮的学生们给老师带来一束束鲜花。

在俄罗斯,许多职业都有自己的节日。医生和教师、警察和矿工、铁路工人和地质学家都庆祝自己的职业节日。10月5日的教师节尤其受欢迎。教师是世界上最重要的职业之一。在教师节这一天,每个人都会怀着感激之情怀念他们,并祝贺他们节日快乐。

3.1.2 Праздники религии

宗教节日

Текст

Сейчас Новый год — главный зимний праздник. А до начала XX в. главным зимним праздником было Рождество. Это христианский праздник, который отмечался в ночь с 24 на 25 декабря. В этот день, по преданию, родился Иисус Христос. Считалось, что в рождественскую ночь происходят необычные, чудесные явления. После Рождества начинались Святки — праздничные дни, которые заканчивались 6 января, на Крещение.

Сейчас **Рождество** в России отмечают 7 января. Дело в том, что до 1918 г. в России действовал календарь, который отличался от современного на 13 суток. Реформа 1918 г. изменила календарь, но Русская православная церковь не признала эту реформу и продолжает жить по старому календарю, или по «старому стилю».

Другой праздник — **Масленица**, языческий. На Масленой неделе провожали зиму и встречали весну. Масленицу отмечали в последнюю неделю перед Великим постом. Название праздника происходит от слова «масло», потому что главным праздничным блюдом были блины, которые ели с маслом. Блины пекли всю неделю, и всю неделю люди не только вкусно ели, но и веселились. Поэтому появилась поговорка «Не жизнь, а Масленица!»

В первый день праздника торжественно встречали Масленицу. Для этого из соломы делали огромное чучело Зимы, которое возили по улицам, а потом ставили на большой площади. В последний день Масленицы это чучело сжигали, чтобы зима быстрее уходила.

В последний день Масленицы было принято просить друг у друга прощения, поэтому этот день назывался Прощёное воскресенье. Праздник заканчивался, и в понедельник начинался Великий пост — время очищения души и тела. Во время поста верующие не должны есть мясо, яйца, молочные продукты. Отсюда произошла пословица: «Не всё коту Масленица, бывает и Великий пост!»

Главный весенний христианский праздник — **Пасха.**

Пасха — это светлый и радостный праздник. С давних времён символом жизни является яйцо, поэтому на Пасху принято дарить друг другу крашеные яйца.

На Пасху заканчивается Великий пост, и хозяйки готовят специальные праздничные блюда. Самое известное — куличи, которые пекут из особого теста. Накануне Пасхи куличи и крашенные яйца приносят в церковь и святят их.

Новые слова и выражения

предáние 传说,故事

свя́тки 圣诞节节期(由圣诞节至主显节)

крещéние 洗礼;主显节(圣诞节后第 12 天)

Мáсленица 谢肉节,送冬节

язы́ческий 多神教的

Вели́кий пост 大斋戒

солóма 稻草,秸秆

чу́чело 稻草人

сжигáть 燃烧

Прощёное воскресéнье 宽恕日(谢肉节最后一天)

вéрующий 信徒

свéтлый 道德高尚的;圣明的

крáшеное яйцó 彩蛋

кули́ч 圆柱形面包

тéсто 面(团)

святи́ть (行宗教仪式)祝圣,使圣化

现在,新年是冬季的主要节日。而 20 世纪初之前,主要的冬季节日是圣诞节。这是一个基督教节日,人们在 12 月 24 日至 25 日晚上庆祝此节。根据传说,在这一天,耶稣基督诞生了。人们认为,圣诞节之夜会发生不寻常的奇迹现象。圣诞节过后,圣诞节节期开始了——假期于 1 月 6 日主显节结束。

现在,俄罗斯的圣诞节是 1 月 7 日。事实上,1918 年之前俄罗斯使用的日历与现代日历相差 13 天。1918 年的改革改变了历法,但俄罗斯东正教会不承认这一改革,并继续沿用旧历或“旧式”生活。

另一个节日是多神教的谢肉节。在忏悔周,人们欢送冬天、迎接春天。人们在大斋戒前一周庆祝谢肉节。这个节日的名字来自“黄油”这个词,因为主要的节日食品是俄式的发面煎饼,它是配着黄油吃的。人们一整周都会烤薄饼,在这一周,人们不仅吃得很香,而且玩得很开心。因此也就兴起了“不是一般的生活, 简直像过谢肉节一样”这句俗语。

在节日的第一天,人们隆重地迎接谢肉节。为此,人们用秸秆做了一个巨大的冬日稻草人,

把它拉过街道，然后放在一个大广场上。在谢肉节的最后一天，稻草人会被烧掉，以让冬天快点过去。

在谢肉节的最后一天，人们通常会相互请求宽恕，因此这一天被称为"宽恕日"。节日结束后，周一开始大斋戒——这是净化灵魂和身体的时间。在大斋戒期间，信徒们不能吃肉、蛋和奶制品。由此产生了谚语："猫儿也不是天天吃荤，总有大斋到来之际！"

主要的春季基督教节日是复活节。

复活节是一个神圣且欢乐的节日。自古以来，鸡蛋就是生命的象征，所以人们有在复活节互赠彩蛋的习俗。

复活节标志着大斋戒的结束，主妇们会准备特别的节日菜肴。最有名的是用一种特殊面团烤制的圆柱形面包。复活节前夕，人们会带着圆柱形面包和彩蛋去教堂祈福。

Упражнения и задания

1. Ответьте на вопросы.

1) Какие праздники в России вы знаете?

2) Какие праздники связаны с религией?

3) Что является символом Нового года?

4) Каким праздником считается День защитника Отечества?

5) В честь чего празднуют День Победы?

6) Какая церемония устраивается на Красной площади в День Победы?

7) Какой праздник тоже называют День студентов?

8) Как отмечают Масленицу?

9) Какое время — Великий пост? Что запрещается во время поста?

10) Что является символикой Пасхи?

2. Напишите праздники России и даты их празднования.

Даты	Праздники	Даты	Праздники

知识链接

俄罗斯谢肉节

在白天逐渐变长的日子里，俄罗斯人迎来了一年一度的“谢肉节”，又称“送冬节”。人们用稻草和布条捆扎的玩偶尽情狂欢，身着节日装束的俄罗斯青年会和着音乐的节奏起舞。自古以来，谢肉节就是俄罗斯人民迎接春天的节日。它将持续整整一周。

谢肉节是多神教文化的遗产。它是欢乐的送冬节，体现了人们对春天温暖的渴望，和对大自然万象更新的欣喜。谢肉节的象征物是油煎薄饼，在先前的年代，它很有讲究：圆圆的、焦黄的、热腾腾的，代表太阳，阳光渐渐暖和，白昼越来越长。光阴荏苒，物换星移。俄罗斯接受了基督教，有了新的宗教节日，又涌现了不少世俗佳节，但谢肉节没有消亡，直至今日，人们仍以多神教时期的传统来欢度这个历久弥新的古老节日。在谢肉节的最后一天，人们焚烧用稻草制成的玩偶，表示送走冬天，迎接春天的来到。谢肉节的最后一个星期日是宽恕日，人们在这一天互相请求对方宽恕自己，摒弃前嫌，重归于好。这天，人们将那些还没有来得及焚烧的玩偶付之一炬，表示已彻底告别寒冷的冬天，迎来了阳光明媚的春天。每当“谢肉节”来临，俄罗斯人都会自发组织化装游行、民间歌舞、游戏、溜冰、滑雪、乘三套马车兜风等娱乐活动。为推动莫斯科旅游业的发展，莫斯科市政府于2002年就正式宣布“谢肉节”为城市节日，并组织安排多项大型活动。

俄罗斯复活节

经历了谢肉节后7周漫长的斋戒后，教徒们迎来了复活节。斋戒又被称为“大斋”，从宗教角度认为，它能够洗刷所犯下的所有罪恶，通过清心寡欲来获得灵魂的升华。按照教义的规定，在斋戒期间，教徒们不能吃荤，不进行娱乐活动，不嫁娶……无论是否举斋，俄罗斯的每户家庭都会准备丰盛的菜肴，迎接复活节的到来。

复活节，是纪念耶稣基督复活的节日。对于每一位俄罗斯人来说，复活节不仅仅是一个宗教性的节日，更是一个全民性的节日。在西方教会传统里，春分月圆之后的第一个星期日即为复活节。东方教会则规定，如果满月恰逢星期日，则复活节再推迟一周。因此，节期大致在3月22日至4月25日之间。在俄罗斯，复活节晨祷从23:30开始延续到凌晨4点。复活节时一般要互相庆贺基督复活，即互吻三次，并互换染色鸡蛋。复活节时允许所有的男人敲钟，因此到处教堂钟声不断，充满了欢乐的节日气氛。复活节期间的主要食品之一是圆柱形甜面包。这是一种特别的、节日期间食用的面包品类，由发酵的面粉、黄油、鸡蛋和砂糖混合烤制而成。有的时候，还要再加上一些葡萄干、果脯、蜂蜜、柠檬皮和巧克力等辅料。民间有这样的传说，如果女主人烤制的面包味美可口，那么就意味着这个家庭将万事顺意。

3.2 ТРАДИЦИОННЫЙ БЫТ
传统习俗

3.2.1 Русская кухня
俄罗斯饮食

Текст

«Хлеб — всему голова» «Плох обед, если хлеба нет» — говорят русские пословицы. Как и у многих народов, в России хлеб был и остаётся главным продуктом питания. Но он был не только едой, а ещё и символом достатка, благополучия. Хлебом и солью встречали дорогих гостей, приветствовали жениха и невесту в день свадьбы. В России особенно любили чёрный хлеб, который пекли из ржаной муки. Пшеничный, или белый, хлеб раньше ели только по праздникам. На Пасху делали куличи, а на Масленицу — блины.

Блины — тонкие лепёшки из жидкого теста. Это одно из любимых русских блюд. Блины появились ещё во времена язычества, тогда они были символом солнца. Солнце прогоняет холодную зиму, поэтому блины стали главным праздничным блюдом Масленицы.

На праздники в России любят готовить пироги. Само слово «пирог» происходит от слова «пир», потому что пироги пекут на праздники. Тесто для пирогов делают из самой лучшей муки, добавляют туда яйца и масло. Внутрь пирога кладут мясо, рыбу, курицу, овощи или грибы. Куриный пирог раньше был обязательным блюдом на свадебном столе, потому что куриное яйцо было символом рождения новой жизни.

Традиционные русские пряники — сладкое мягкое печенье — также украшали праздничный стол. В тесто, из которого пекли пряники, добавляли мёд и пряности — отсюда произошло их название. Пряники могли быть круглыми или квадратными, в форме птиц и зверей. На русской свадьбе, когда праздник заканчивался, гостям раздавали маленькие пряники-разгоняи (от слова «разгонять»). Так хозяева показывали, что гостям пора уходить.

Щи — традиционный русский суп, который варят из свежей или кислой капусты. Хорошая хозяйка обязательно должна была варить вкусные щи и печь хороший хлеб. «Не та хозяйка, что красиво говорит, а та — что хорошо щи варит!» — учила русская пословица.

Поскольку русские селения обычно находились на берегу рек и озёр, на русском столе всегда были рыбные блюда. Густой, горячий рыбный суп назывался уха.

Летом, когда взрослые работали в поле, дети ходили в лес собирать грибы и ягоды. Блюда из этих продуктов всегда были на русском столе. Зима в России длится долго, и хозяйки использовали разные способы, чтобы сохранить продукты. Грибы и ягоды засушивали. Кроме того, из ягод делали варенье, а грибы солили, то есть консервировали при помощи соли. Солили также овощи — капусту, а позднее — огурцы и помидоры. В таком виде продукты могли храниться много месяцев. Такие способы сохранения продуктов многие хозяйки используют и сегодня.

Традиционным русским напитком был квас — кисло — сладкий напиток, приготовленный на основе дрожжей. Считалось, что квас полезен для здоровья. У каждой хозяйки был свой рецепт кваса: медового, яблочного, вишнёвого, клюквенного. Квас было легко приготовить. «Ешь щи с мясом, а нет — так хлеб с квасом», — советовала русская поговорка. Если в квас добавляли мелко нарезанные лук и овощи, получалась окрошка — холодный суп. И в наши дни окрошка является популярным летним блюдом.

Кроме кваса на Руси к столу подавали пиво, медовуху — лёгкий алкогольный напиток из мёда. Самым крепким алкогольным напитком была водка. Обычно водку пьют в начале застолья, поскольку она поднимает аппетит. Считается, что водка появилась на Руси в XIV в. Долгое время государство обладало исключительным правом на производство водки. До сих пор рецепт оригинальной русской водки держится в секрете.

В разные периоды времени на русском столе появлялись новые продукты и блюда. При Петре I начали есть картошку и помидоры. В русской кухне появилось много европейских блюд, например котлеты, салаты, макароны. Сами названия этих блюд говорят об их иностранном происхождении. С другой стороны, многие традиционные продукты — например, репа — стали меньше употребляться со стола. В XX веке любимым праздничным блюдом стал салат оливье. Этот салат готовили в русских ресторанах по французскому рецепту ещё в XIX веке. Сейчас разные хозяйки готовят его по-разному, но обязательно кладут майонез, варёную колбасу или мясо, зелёный горошек.

Современная русская кухня сочетает в себе старинные традиции и новые привычки. На одном столе можно увидеть пироги и салаты, колбасу и соленья, блины и щи. В российских городах появляются рестораны с различными национальными кухнями.

Новые слова и выражения

доста́ток 富足,富裕
благополу́чие 平安,顺利
ржано́й 黑麦的
мука́ 面粉
лепёшка 饼
жи́дкий 液体的
язы́чество 多神教
прогоня́ть 赶走,驱逐
пиро́г 大馅饼
пря́ник 蜜糖饼干
мёд 蜂蜜
пря́ность 香料,调味品
раздава́ть 分给,分发
разгоня́ть 驱散,赶散
вари́ть 煮
ки́слая капу́ста 酸菜

уха́ 鱼汤
засу́шивать 把……弄干、压干
варе́нье 果酱
соли́ть 腌渍
консерви́ровать 把……制成罐头
квас 格瓦斯(用面包发酵的一种饮料)
дро́жжи 酵母
клю́квенный 蔓越橘的
окро́шка 冷杂拌汤
медову́ха 蜂蜜酒
алкого́льный 酒精的
засто́лье 节日的宴席
облада́ть 具有
исключи́тельное пра́во 特权
оригина́льный 独创的;原来的
котле́та 肉饼
макаро́ны 通心粉
происхожде́ние 起源
ре́па 芜菁
майоне́з 蛋黄酱
колбаса́ 香肠
горо́шек 青豆,豌豆
сочета́ть 使……与……相结合

俄罗斯谚语称:“面包是万物之首”“没有面包的午餐是糟糕的”。和许多国家一样,面包在俄罗斯过去以及现在一直是主要食物。但它不仅仅是食物,还是富足和安宁的象征。面包和盐被用来欢迎贵客,在婚礼时迎接新郎新娘。在俄罗斯,人们尤其喜爱用黑麦面粉烤制的黑面包。过去,小麦或白面包只在节日食用。人们在复活节时会做圆柱形面包,在谢肉节时会做薄饼。

薄饼是由面糊制成的薄薄的饼。这是俄罗斯最受欢迎的美食之一。薄饼早在多神教时代就出现了,那时它们是太阳的象征。太阳能赶走寒冷的冬季,因此薄饼已成为谢肉节的主要节日菜肴。

俄罗斯人喜欢在节日里做馅饼。“馅饼”一词源于“盛宴”,因为馅饼是在节日里烤制的。馅饼的面团由最好的面粉制成,里面加入鸡蛋和黄油。馅饼里要放肉、鱼、鸡肉、蔬菜或蘑菇。鸡肉馅饼曾是婚礼餐桌上的必备菜肴,因为鸡蛋象征着新生命的诞生。

传统的俄罗斯姜饼——甜甜的软饼干——也是节日餐桌上的点缀。烤姜饼的面团中加入了蜂蜜和香料,姜饼也因此而得名。姜饼有圆形或方形两种,呈鸟类和动物的形状。在俄罗斯人的婚礼上,当宴会结束时,客人们会得到小姜饼(源自单词“驱赶”)。这是主人表示客人该离开了。

白菜汤是一种用鲜白菜或酸菜煮制的传统俄式汤。一个好的女主人一定会做美味的白菜汤和烘烤好吃的面包。“不是女主人说话好听,而是女主人做的汤好喝!”——俄罗斯谚语如是说道。

由于俄罗斯村庄通常坐落于河边和湖边,俄罗斯人的餐桌上总是少不了鱼类菜肴。一种浓浓的、用鱼制的热汤被称为鱼汤。

夏天,大人们在田里干活,孩子们去森林里采蘑菇和浆果。由这些食材制成的菜肴一直出现在俄罗斯的餐桌上。俄罗斯的冬天很漫长,家庭主妇们使用不同的方法来保存食物。蘑菇和浆果被晒干。此外,人们用浆果做果酱,腌制蘑菇,即把蘑菇用盐制成罐头。他们还用盐腌制蔬菜,如卷心菜,后来又腌制黄瓜和西红柿。这样产品可以储存数月。直到今天,很多家庭主妇仍在使用这些方法保存食物。

俄罗斯的传统饮料是格瓦斯,一种口感酸甜、以酵母制成的饮料。人们认为格瓦斯有益健

康。每个家庭主妇都有自己的格瓦斯配方：蜂蜜、苹果、樱桃、蔓越莓。格瓦斯很容易制作。俄罗斯有句谚语："喝白菜汤要配肉，如果没有，那面包配格瓦斯"。如果在格瓦斯中加入切碎的洋葱和蔬菜，就会得到一种冷汤——冷杂拌汤。如今冷杂拌汤已成为一种广受欢迎的夏季美食。

除了格瓦斯，俄罗斯还供应啤酒和蜂蜜酒——一种用蜂蜜制成的低度酒精饮料。最烈的酒是伏特加。伏特加通常在宴会开始时饮用，因为它能提高食欲。据说伏特加在十四世纪时出现在罗斯，很长一段时间内伏特加都是国家独家生产。时至今日，俄罗斯伏特加的原始配方仍然保密。

在不同时期，俄罗斯餐桌上出现了新食物和菜肴。在彼得大帝统治时期，人们开始吃土豆和西红柿。许多欧洲菜肴出现在俄罗斯美食中，例如肉饼、沙拉、通心粉。这些菜肴的名字本身就表明了它们的外国起源。另一方面，许多传统食物（例如芜菁）已经很少食用。在 20 世纪，奥利维尔沙拉成为最受欢迎的节日美食。早在 19 世纪，俄罗斯餐馆就根据法国食谱制作这种沙拉。现在，不同的女主人会用不同的方法制作，但她们一定都会加入蛋黄酱、煮过的香肠或肉以及青豆。

现代俄罗斯美食结合了古老传统和新的习惯。您可以在同一张餐桌上看到馅饼和沙拉、香肠和腌菜、煎饼和白菜汤。在俄罗斯各大城市都有各式民族美食的餐馆。

3. 2. 2 Русская изба
俄罗斯木屋

Текст

Типичные черты деревенской избы:

(1) ставни;

(2) небольшие, украшенные резьбой окна;

(3) крыльцо;

(4) внутри избы печь, красный угол с иконами, длинная лавка.

Новые слова и выражения

изба́ 农村木房

ста́вни 护窗板

резьба́ 雕刻

крыльцо́ 台阶，门廊

ла́вка 长凳

乡村木屋的典型特征：

(1) 百叶窗；

(2)雕花小窗；

(3)门廊；

(4)屋内有炉子、挂着圣像的红色角落、长凳。

3.2.3 Русская баня
俄式浴室

Текст

Баня известна на Руси с 10 века. В деревне это отдельная бревенчатая избушка рядом с домом. Она состоит из предбанника и парилки. В парилке — печь-коменка. Когда её топят, камни раскаляются. Для того, чтобы баня наполнилась жарким паром, камни поливают горячей водой. В бане похлопывают себя берёзовым или дубовым веником. Вышедшему из бани говорят: «С лёгким паром!»

Роль бани в жизни русского человека, её функции: очищение тела, укрепление физического здоровья, лечение насморка, простуды, ломоты, сброс лишнего веса, профилактика, наслаждение, отдых. (Баня «проясняет мозги, сушит слёзы».)

Общественная функция бани — знакомство, зарождение дружбы, место для переговоров и налаживания торговых связей.

Новые слова и выражения

отде́льный 单独的
бреве́нчатый 原木的
предба́нник (澡堂的)脱衣间；前室
пари́лка 蒸汽房
топи́ть 烧暖，烧热
раскаля́ться 烧得炽热
похло́пывать 拍一拍
дубо́вый ве́ник 橡树枝条
фу́нкция 功能
на́сморк 伤风
ломо́та 酸痛
профила́ктика 预防性保养
наслажде́ние 享受
проясня́ть 使清醒，使清晰
суши́ть 使……干燥
нала́живание 调整；建立

早在10世纪，罗斯就有了浴室。在村子里，它是一座独立的木屋，紧挨着房屋。它由前厅和蒸汽房组成。蒸汽房里有一个石头炉。炉子烧热后，石头就会变热。为了让澡堂里充满热蒸汽，人们会往石头上浇热水。在澡堂里，人们用桦木条或橡树条拍打自己。出浴时，人们会说：“身上

轻松啦！”

浴室在俄罗斯人生活中的作用及其功能：清洁身体，增强体质，治疗伤风、感冒、酸痛，减轻体重，预防性保养，愉悦，放松。（洗澡“让大脑清醒，拭去眼泪”。）

浴室的社会功能是为人们提供一处相识、建立友谊、谈判和建立贸易关系的场所。

3.2.4 Одежда — русский народный костюм
服装——俄罗斯民族服装

Текст

Когда человек родился, он получал белую рубашку. В возрасте, когда девушки выходили замуж и юноши женились, носили одежду с богатыми и самыми яркими украшениями. На старости лет человек носил опять самую простую белую рубашку.

Женская одежда: сарафан, передник.

Головные уборы: кокошник.

Мужской костюм: рубашка, штаны, пояс, кафтан.

Традиционная крестьянская обувь — лапти. Зимой жители деревни носили валенки. Горожане носили сапоги.

Новые слова и выражения

сарафа́н 萨拉凡

пере́дник 围裙，罩衣

головны́е убо́ры 头饰

коко́шник 盾形头饰

штаны́ 裤子

по́яс 腰带

кафта́н 旧式男长衣

ла́поть 草鞋

ва́ленки 毡靴

当一个人出生时，他会得到一件白衬衫。到了姑娘出嫁、小伙子娶妻的年纪，他们会穿上最美丽明艳的衣服。到了老年，人们又穿上了最简单的白衬衫。

女性服饰：萨拉凡，围裙。

头饰：盾形头饰。

男性服饰：衬衫，裤子，腰带，男士旧长衣。

传统的农民鞋是草鞋。冬天，村民们穿着毡靴。城里人则穿着靴子。

3.2.5 Русская свадьба
俄式婚礼

Текст

Торжество свадьбы в России, обычно, длятся два дня. Как правило, свадебный день начинается с выкупа невесты. Выкуп заканчивается, когда жених прорвётся к невесте, и вручит ей свадебный букет. Выйдя из дома невесты, будущие молодожёны и их гости отправляются в ЗАГС (запись актов гражданского состояния) на торжественную церемонию бракосочетания.

После регистрации брака часто следует небольшой фуршет, на котором гости во главе со свидетелями поздравляют молодожёнов с одним из главнейших событий в их жизни. Затем свадебная процессия направляется в храм, где жених и невеста совершают таинство венчания, скрепляя тем самым свой брак не только перед людьми, но и перед Богом. Конечно, это происходит только в том случае, если венчание запланировано в программе свадебного дня. Обвенчавшись, новобрачные вместе со своими гостями едут на свадебную прогулку по примечательным местам своего города. После свадебной прогулки часто молодожёны отправляются в дом родителей мужа, где те принимают их «хлебом-солью». Муж и жена откусывают от каравая кусочек, не касаясь его руками. Кто откусит больший кусок, тот и будет в семье главным.

Затем новобрачные вместе со своими родственниками и гостями отправляются в ресторан, праздновать свою свадьбу застольем и танцами. Но бывает, что свадебный банкет проводят дома или на природе. За ужином гости кричат: «Горько! Горько!», и молодожёны долго целуются. На утро муж и жена и их гости отправляются праздновать второй день свадьбы. Часто, вскоре после свадьбы молодожёны отправляются в свадебное путешествие, чтобы в романтической обстановке насладиться медовым месяцем.

Новые слова и выражения

вы́куп 礼金(这里指接亲时对新郎的各种小"刁难")

прорва́ться 冲到,闯入

фурше́т 冷餐会

та́инство венча́ния 婚礼圣礼(仪式)

карава́й 大圆面包

наслади́ться 享受

俄罗斯的婚礼通常持续两天。按照惯例,婚礼当天以新郎接亲开始。当新郎走到新娘身边并将结婚礼花递给她时,接亲仪式结束。离开新娘家后,准新婚夫妇和他们的宾客前往户籍登记处举行庄严的结婚仪式。

结婚登记后通常会有一个小型冷餐会,在证婚人的带领下,宾客们会祝贺这对新婚夫妇完成人生中最重要的大事之一。婚礼队伍随后前往教堂,新郎新娘在那里举行圣礼,不仅在众人面前,也在上帝面前步入婚姻的殿堂。当然,这仅限于在婚礼当天的日程中安排了圣礼的情况下。结婚后,新婚夫妇和他们的客人一起到城市的著名景点去走婚。走婚后,新婚夫妇通常会去丈夫的父母家,在那里他们会用“面包和盐”招待新婚夫妇。丈夫和妻子从面包上咬一口,不要用手碰。谁咬得最多,谁就能当一家之主。

然后,新婚夫妇与他们的亲戚和宾客一起到一家餐馆品尝美味佳肴,载歌载舞,共同庆祝婚礼。但也有在家里或户外举办婚宴的情况。晚餐时,客人们高喊:“苦! 太苦了!”这对新婚夫妇便接吻。早上,夫妻俩和宾客们去庆祝婚礼的第二日。通常,婚礼后不久,新婚夫妇就会出发去蜜月旅行,在浪漫的环境中享受蜜月。

3.2.6 Русские похороны
俄式葬礼

Текст

Похороны проводятся по традиции на третий день со дня смерти человека. Верующих отпевают в церкви. В течение года устраивают поминки, обряд в память об умершем родственнике, проводимый членами его семьи — 3, 9 и 40 день после кончины.

В обряд поминок входят домашние молитвы, посещение храма и могилы усопшего и обед, на котором подают водку, блины, кутью (сладкая каша из пшена или риса с изюмом) и похоронное блюдо — белый кисель.

На могилы своих родственников приходят русские на родительский день; при этом на могилу обычно кладут рюмку водки, прикрытую ломтиком хлеба или оставляют другое угощение.

Раньше был в России был распространён обряд оплакивания. Хороших професиональных плакальщиц, которые рыдают на могиле, высоко ценили.

Выражение соболезнования: Примите мои глубокие соболезнования. Разделяем Ваше глубокое горе.

Новые слова и выражения

по́хороны 葬礼

отпева́ть 为……举行教堂葬仪，给……举行安魂祈祷

помúнки 葬后宴

кончи́на 去世，逝世

моли́тва 祷告

моги́ла 坟墓

усо́пший 逝世的，已故的

кисе́ль 甜羹，酪

прикры́тый 虚掩上的

ло́мтик 一小块，薄片

обря́д опла́кивания 哭丧仪式

пла́кальщица 哭灵人

рыда́ть 号啕大哭

соболе́знование 慰问，哀悼，吊唁

传统上，葬礼在人死后的第三天举行。人们在教堂中为教徒举行教堂葬仪。在这一年中，死者家属会在死者去世后的第3天、第9天和第40天举行葬后宴，悼念逝去的亲人。

葬礼仪式包括家庭祈祷、去教堂和死者坟墓祭拜、吃午餐，午餐时提供伏特加、煎饼、蜜粥（由小米或大米和葡萄干制成的甜粥）和葬礼菜肴——果子羹。

在父母节时俄罗斯人会去亲人的墓地扫墓，他们通常会在坟墓上放上一杯伏特加酒，再盖上一片面包或留下其他食物。

过去，哭丧仪式在俄罗斯很普遍。在坟墓前号哭的优秀职业哭灵人受到人们高度评价。

致哀：请接受我最深切的哀悼。我们与您一样深感悲痛。

3.2.7 Жесты
手势

Текст

★ щёлкать по горлу указательным или средним пальцем: означает «выпить водки» или «он пьяный».

★ постучать указательным пальцем по виску: «не совсем умный человек».

★ положить руки на сердце: подчёркивать свою искренность в разговоре.

★ счёт ведут русские так, что сгибают пальцы, постепенно собирая их в кулак, начиная с мизинца.

Новые слова и выражения

щёлкать 弹指作响

указа́тельный па́лец 食指

сре́дний па́лец 中指

пья́ный 喝醉酒的

висо́к 太阳穴

вести́ счёт 数数记账

сгиба́ть 使弯曲，弄弯

мизи́нец 小拇指

★用食指或中指轻弹喉咙：表示“喝伏特加”或“他喝醉了”。

★用食指轻敲太阳穴：“这个人脑子有点问题”。

★把手放在心上：在谈话中强调自己的诚意。

★俄罗斯人在用手指数东西时，首先弯曲小拇指，直到手掌攥成拳头。

Упражнения и задания

Ответьте на вопросы.

1) Какие традиционные продукты России вы знаете?
2) Что является главным продуктом питания?
3) Как называется русский традиционный салат?
4) Каковы черты русской избы?
5) Какие русские народные костюмы вы знаете?
6) Что кричат на свадьбе России, чтобы молодожёны целовались?
7) Что является традиционным похоронным блюдом в России?
8) По каким праздникам русские приходят на могилы своих родственников?
9) Что кладут обычно при молитве?
10) Как выражают свои соболезнования?

Контрольная работа

1. Самая важная еда в России — ____________. Есть пословица: « ____________ — всему голова!»

2. В России ____________ и ____________ встречают дорогих гостей. (питания)

3. Традиционный русский напиток ____________.

4. Русский рыбный суп называется ____________.

5. Назовите 5 русских национальных блюд.

____.

6. Русский национальный женский костюм ____________.

7. Русский крестьянский дом называется ____________.

8. В русском крестьянском доме обычно есть: ________________, ________________ и ________________.

9. Что значит «Великий пост»? ____. В течение 40 дней нельзя ____________.

10. На Масленицу русские пекут ____________ и сжигают ____________.

11. Люди на Пасху пекут ____________, красят ____________.

12. Когда отмечается Рождество Христианство в России? ____________. (число)

13. 9 мая в России отмечают ____________.

14. Вышедшему из бани говорят друг другу: «____________!»

15. На свадьбе люди кричат «____________», и молодожёны долго целуются.

3.3 ОБРАЗОВАНИЕ В РОССИИ

俄罗斯教育

Текст

Согласно Закону «Об образовании Российской Федерации», Российское образование представляет собой непрерывную систему последовательных уровней. В Российской Федерации гарантируется право каждого человека на образование.

Образование подразделяется на общее образование, профессиональное образование, дополнительное образование и профессиональное обучение, обеспечивающие возможность реализации права на образование в течение всей жизни (непрерывное образование).

Общее образование и профессиональное образование реализуются по уровням образования.

В Российской Федерации устанавливаются следующие уровни общего образования:

1) дошкольное образование;

2) начальное общее образование;

3) основное общее образование;

4) среднее общее образование.

В Российской Федерации устанавливаются следующие уровни профессионального образования:

1) среднее профессиональное образование;

2) высшее образование — бакалавриат;

3) высшее образование — специалитет, магистратура;

4) высшее образование — подготовка кадров высшей квалификации.

Дополнительное образование включает в себя такие подвиды, как дополнительное образование детей и взрослых и дополнительное профессиональное образование.

Давайте познакомимся со следующими известными федеральными вузами!

1) Московский Государственный Университет им. М. В. Ломоносова;

2) Московский Государственный Институт Международных Отношений;

3) Российский Университет Дружбы Народов;

4) Московский Государственный Технический Университет им. Н. Э. Баумана;

5) Санкт-Петербургский Государственный Университет;

6) Дальневосточный Федеральный Университет;

7) Сибирский Федеральный Университет;

8) Казанский Федеральный Университет;

9) Новосибирский Государственный Университет;

10) Забайкальский Государственный Университет.

Новые слова и выражения

послéдовательский 一系列的;合乎逻辑的

гаранти́роваться 被保证,被保障

подразделя́ться 分为,分成

квалифика́ция 技能;资格;熟练程度

根据《俄罗斯联邦教育法》,俄罗斯教育是体现水平连续发展的一个系统。俄罗斯联邦保障每个人受教育的权利。

俄罗斯教育分为普通教育、职业教育、继续教育和专业培训,教育保障公民一生接受教育的权利(即不间断的教育)。

普通教育和职业教育是按照教育水平实施的。

俄罗斯联邦对普通教育确定了以下水平阶段:

1)学前教育;

2)初级普通教育;

3)基础普通教育;

4)中等普通教育。

俄罗斯联邦对职业教育确定了以下水平阶段：

1）中等职业教育；

2）高等教育——学士；

3）高等教育——专家，硕士；

4）高等教育——高等技能人才培养。

继续教育包括儿童和成年人的继续教育以及职业继续教育。

让我们熟悉一下下列著名的联邦大学！

1）莫斯科国立米·瓦·罗蒙诺索夫大学；

2）莫斯科国立国际关系学院；

3）俄罗斯人民友谊大学；

4）莫斯科国立尼·埃·鲍曼技术大学；

5）圣彼得堡国立大学；

6）远东联邦大学；

7）西伯利亚联邦大学；

8）喀山联邦大学；

9）新西伯利亚国立大学；

10）后贝加尔国立大学。

Упражнения и задания

Ответьте на вопросы.

1）Какую систему представляет собой Российское образование?

2）На что подразделяется образование в России?

3）Какие уровни общего образования существуются в России?

4）Какие уровни профессионального образования существуются в России?

5）Что включает в себя дополнительное образование в России?

知识链接

俄罗斯教育

俄罗斯的教育包括：普通教育、职业教育、继续教育和专业培训。

普通教育

俄罗斯的普通教育分为4个阶段：

学前教育、初级普通教育(1—4年级)、基础普通教育(5—9年级)、中等普通教育(10—11年级)。

俄罗斯联邦《教育法》规定,初级普通教育阶段,学校免费为学生提供至少一次的课间加餐。俄罗斯学生在9年级毕业后会得到基础教育证书。

此后,部分学生留在学校并转到高年级继续学习,部分学生则会去中等专业学校上学,通常是应用专业(厨师、木匠等)。但俄罗斯大多数年轻人选择继续在学校学习,然后考大学,10年级和11年级是俄罗斯中学的最后两年。普通教育结束后学生就可以通过全国升学考试步入大学。

职业教育

职业教育包括中等职业教育和3个层级的高等教育共4部分。

中等职业教育在基础普通教育,尤其涉及中等普通教育基础上培养各类中级技术人才,在俄罗斯职业教育体系中占有重要位置。学习者可通过4种培训大纲来获得中等职业教育证书:初中毕业学习3年或高中毕业学习1年的技术工人和职员培养大纲;初中毕业学习4年或高中毕业学习2年的中级专家培养大纲。与正规学历教育并行的还有以初中毕业为基础的职业培养和职业培训及再培训大纲,完成此类年限不等的职业学习者可获得职业技能证书。

高等教育包括高等教育(学士)、高等教育(文凭专家与硕士)、高等教育之高级人才培养三个水平依次提升的学位层级。在第一层级,高中毕业生通过竞试进入高等教育机构学习4年,获得学士学位。第二层级分两类:连续学习5年的文凭专家,或在学士基础上学习2年,获得硕士学位。第三层级是第二层级基础上的两类:按副博士大纲学习4年,并通过学位答辩的副博士学位;或按其他专业性培养大纲学习2年,获得高水平技能人才毕业证书。副博士学位相当于国际通用的科学博士学位,是其职业教育体系的最高层次。而顶级学位,也是特有的博士学位已不属于职业教育板块,不被包括在国民教育体系之内。

继续教育

实施继续教育大纲和继续教育服务的宗旨和任务在于:全面满足公民个人、社会和国家对教育方面的各种需求;在职业教育阶段配合各级教育标准的提高而逐步提高各类专业人员的业务水平。继续教育大纲亦分成各种专业方向的大纲,作为正规教育大纲之外的补充内容。它既在普通教育和职业教育机构中实施,也在各种专门的继续教育机构,如进修学院、职业定向中心、各类音体美学校、各种儿童课外活动站等场所实施。

3.4 ИЗОБРАЗИТЕЛЬНОЕ ИСКУССТВО

造型艺术

3.4.1 Живопись и русские портретисты в XVIII веке

18世纪的绘画艺术和俄罗斯的肖像画家

Текст

XVIII век стал временем расцвета русского изобразительного искусства — живописи, архитектуры, скульптуры. В 1703 г. началось строительство новой российской столицы — Санкт-Петербурга. Город планировали лучшие русские и европейские архитекторы. Созданные ими дворцы, храмы, мосты, памятники делают Петербург одним из красивейших городов мира.

В европейском направлении начала развиваться русская живопись. Русские художники перенимали опыт лучших европейских мастеров. Они начали писать картины с натуры и использовать светские сюжеты. Живопись разделилась на жанры: портрет, пейзаж, батальный жанр, исторический, бытовой. Пётр I, который очень любил море, коллекционировал морские пейзажи.

Главным направлением во всех областях искусства был классицизм. Образцом для подражания была античность и всё, что с ней связано. Художники и поэты использовали сюжеты древнегреческой и древнеримской мифологии. Считалось, что искусство должно воспитывать зрителя, а истории о жизни и подвигах древних героев прекрасно подходили для этого. Все жанры (живописи, литературы, архитектуры) делились на высокие и низкие. Например, в литературе трагедия считалась высоким жанром, а комедия — низким. В живописи высоким был исторический жанр: на картинах изображались великие битвы, важные исторические события, сцены из античной мифологии.

Портрет, напротив, относился к низкому жанру. Считалось, что написать портрет намного легче, чем историческую картину. Но именно портрет получил в XVIII в. в России самое большое распространение. Портрет был нужен, чтобы сохранить образ человека для близких людей. В Западной Европе этот жанр развивался уже несколько веков, а русские художники только учились писать с натуры, работать масляными красками, передавать внешнее сходство. Однако в жанре портрета русские живописцы достигли наибольших успехов.

Портрет отличается от фотографии тем, что в изображении человека всегда присутствует взгляд самого художника. Настоящий художник передаёт не только внешнее сходство, он старается раскрыть характер человека, показать своё отношение к нему. Часто по портрету можно догадаться, какой художник его написал.

Классицизм ставил на первое место строгий порядок и разумность во всём. В конце XVIII в. на смену классицизму приходит новое художественное направление — сентиментализм. Его представители ценят не разум, а чувства: доброту, нежность, любовь к природе, простые человеческие отношения.

В жанре сентиментального портрета прославился художник Владимир Боровиковский. Одна из самых известных его работ — портрет Марии Лопухиной. Молодая девушка в простом белом платье стоит на фоне деревенского пейзажа. В нём и грусть, и кокетство, — все чувства очень искренние.

За небольшой период времени школа русского портрета сделала большой шаг в развитии. Художники научились передавать сложные чувства и настроения. Увидеть произведения русских портретистов можно в Третьяковской галерее (Москва), Русском музее (Санкт-Петербург) и других музеях России.

Новые слова и выражения

изобрази́тельное иску́сство 造型艺术
архитекту́ра 建筑学,建筑艺术
скульпту́ра 雕刻艺术
архите́ктор 建筑师
перенима́ть 仿效,效仿
карти́на с нату́ры 写生
све́тский 世俗的,非宗教的
сюже́т 情节,题材
жанр 体裁,种类
бата́льный 描写战事的
подража́ние 模仿
анти́чность 古希腊、罗马及其文化
мифоло́гия 神话学
по́двиг 功勋
траге́дия 悲剧
коме́дия 喜剧
ма́сляная кра́ска 油彩
схо́дство 相似性
разу́мность 合理性
приходи́ть на сме́ну чему́ 取代……
сентиментали́зм 感伤主义
цени́ть 珍视
просла́виться 出名,驰名
коке́тство 媚态,娇态
шко́ла 派

18 世纪的俄国造型艺术在绘画、建筑、雕刻等方面达到鼎盛时期。1703 年俄国新都圣彼得堡建成。这座城市是由俄国和欧洲最好的建筑师设计的。他们创造的宫殿、寺庙、桥梁和纪念碑使圣彼得堡成为世界上最美丽的城市之一。

此时俄国的绘画艺术呈现“欧化”的特点。俄国艺术家模仿欧洲绘画大师的手法开始写生，创作世俗题材作品。绘画艺术分几种类型：肖像画、风景画、战斗题材画、历史题材画、日常生活题材画。彼得大帝非常喜欢大海，因此他收集了很多海景画。

绘画艺术的主要流派是古典艺术流派。古希腊及其相关的一切事物都是效仿的对象。画家和诗人经常使用古希腊和古罗马神话中的情节来创作作品。人们认为，艺术对于观众来说应该具有教育意义，而关于古代英雄生活和功绩的故事非常符合这一点。所有艺术体裁（包括绘画、文学、建筑）都能分出高低。例如，在文学作品中，悲剧被认为是一种高级文学艺术，而喜剧被认为是一种低级文学艺术。在绘画中，历史题材的作品被认为是高级绘画艺术：这些画作描绘伟大的战役、重要的历史事件、古希腊神话故事中的场景。

相反，肖像画属于低级绘画艺术。人们认为，画肖像画比画历史画容易得多。正因如此，肖像画在 18 世纪的俄国成为一种流行趋势。人们画肖像画是为了亲朋好友能够记住自己。在西欧，这种艺术已经发展了几个世纪，而俄罗斯画家刚学会从大自然取材，使用油画颜料，只能画出外貌的相似性。尽管如此，在肖像画中，俄国画家依然取得了卓越的成就。

肖像画与照片不同。这是因为，每一幅肖像画都能表现出画家独特的眼光。真正的画家不仅追求形似，而且追求神似——试图揭示人物的性格，以及表达他对这个人物的态度。通常，人们根据一幅肖像画，就能猜出这是哪位画家的作品。

古典艺术流派首先将严格的秩序和合理性放在首位。18 世纪末，古典艺术流派被一种新的艺术方向——感伤主义所取代。它注重的不是理智，而是情感：善良、温柔、对自然的热爱、简单的人际关系。

弗拉基米尔·鲍罗维柯夫斯基是感伤主义肖像画流派杰出的画家。他最著名的作品之一是《玛丽亚·洛普希娜肖像》。一位年轻的姑娘穿着朴素的白色连衣裙，站在田园风光的背景中。画中有忧伤，也有娇媚，所有的感情都很真挚。

尽管时间不长，但俄国肖像画流派发展迅速。画家们已经学会如何表达人物复杂的感受和情绪。我们可以在特列季亚科夫画廊（位于莫斯科）、俄罗斯博物馆（位于圣彼得堡）和俄罗斯其他的博物馆看到俄罗斯肖像画家的作品。

3.4.2 Изобразительное искусство в XIX веке
19 世纪的造型艺术

Текст

В первой половине XIX в. на смену классицизму приходит новое художественное направление — романтизм. Романтизм обращается к внутреннему миру человека, его чувствам и переживаниям. Героем романтического произведения становится сильная, свободная личность. Романтиков привлекают славные, героические сюжеты. Отечественная война 1812 г., которая закончилась победой русской армии над войсками Наполеона, вызвала в стране небывалый подъём патриотизма и интерес к собственной истории, к национальным традициям.

Реализм проникает также в изобразительное искусство. В 1863 г. в Петербургской академии художеств произошёл скандал. Четырнадцать выпускников не захотели писать дипломные картины на традиционный мифологический сюжет. Они решили сами выбрать сюжеты для своих работ. Получив отказ, они ушли из академии и организовали независимую «Артель художников». Новое объединение возглавил Иван Крамской.

Эти художники хотели сделать искусство понятным не только для образованной части общества, но и для простого народа. Для этого они устраивали в разных городах России выставки своих работ. Эти выставки были передвижными, поэтому художники, которые принимали в них участие, назвали себя «передвижники». Передвижники выбирали для своих произведений темы и сюжеты из обычной жизни, которые раньше считались неинтересными для живописи.

В 1871 г. открылась первая выставка передвижников в Академии художеств. На ней было показано почти 50 картин. Художники работали в разных жанрах: портрет, пейзаж, историческая и бытовая живопись.

Передвижники создавали портреты известных людей своего времени: Фёдора Достоевского и Александра Островского (художник В. Перов), Льва Толстого (художник И. Крамской), Модеста Мусоргского (художник И. Репин), Ивана Тургенева (художник Н. Ге). Эти портреты сохранили для нас не только облик, но и богатый внутренний мир этих великих людей.

Новое развитие получил жанр исторической живописи. В этом жанре работали Илья Репин («Иван Грозный и сын его Иван»), Николай Ге («Пётр I допрашивает царевича Алексея Петровича в Петергофе»), Василий Суриков («Утро стрелецкой казни», «Боярыня Морозова»). Раньше художники выбирали для картин героические сюжеты: победы, подвиги великих людей, восхождение на царство. Теперь в центре внимания — трагические моменты истории. Художник стремится передать, что происходит в душе человека в сложный исторический момент. Иван Грозный в ужасе смотрит на тело сына, убитого им в гневе. Перед нами не великий царь, но обезумевший от горя отец. Стрельцы, ожидающие казни на Красной площади, вызывают у зрителя больше сочувствия, чем Пётр I, чей взгляд полон ненависти. Боярыня Морозова, закованная в цепи, кажется не жертвой, а победительницей: высоко поднятая рука говорит об огромной силе духа.

Пейзаж также был одним из любимых жанров передвижников. Иван Шишкин, Архип Куинджи, Исаак Левитан сумели удивительно точно передать характер русской природы. Природа на их картинах сама становится главным персонажем.

Пейзажи И. Левитана имеют особое очарование и поэтичность. Тончайшие оттенки красок передают настроение каждого времени года («Золотая осень», «Март»). В картине «У омута» грозовое небо, мрачный лес, тёмная вода создают у зрителя ощущение тревоги. Или, наоборот, возникает чувство полного покоя, когда смотришь на картину «Над вечным покоем». Здесь перед нами огромное пространство — небо, вода, земля. На переднем плане — край острова с маленькой церковью. Ни одного человека — только природа и тишина.

Бытовая живопись представлена в произведениях художника Николая Ярошенко. Персонажи его картин — различные социальные типы («Кочегар», «Заключённый», «Студент»). В жанровых работах изображены сцены из жизни простого народа («Всюду жизнь», «На качелях»).

Произведения передвижников являются гордостью русского искусства. Наиболее известные картины этих авторов можно увидеть в Третьяковской галерее в Москве и в Русском музее в Санкт-Петербурге.

Новые слова и выражения

пережива́ние 感受
небыва́лый 空前的，从来没有过的
патриоти́зм 爱国主义
реали́зм 现实主义
«Арте́ль худо́жников» 自由画家协会
возгла́вить 领导，率领
передвижно́й 巡回的，流动的
восхожде́ние на ца́рство 加冕仪式
обезу́мевший 失去理智的，发狂的
стрельцы́ （俄国 16—17 世纪的）特种常备军的兵士，射手
зако́ванный 被戴上镣铐的
очарова́ние 魅力
отте́нок 色调，色度
пере́дний план 前景

在 19 世纪上半叶，古典艺术流派被一种新的艺术流派——浪漫主义流派所取代。浪漫主义关注人的内心世界、人的感受和经历。浪漫主义作品的主人公通常具有坚强、自由的个性。浪漫主义者易被那些光荣的、英勇的情节所吸引。1812 年卫国战争以俄国军队战胜拿破仑军队而告终。这使俄国人民的爱国主义情怀和对本国历史、民族传统的兴趣达到空前高潮。

现实主义也渗透到造型艺术中。1863 年，圣彼得堡艺术学院发生了一件“丑闻”。14 名毕业生不想以传统神话题材创作自己的毕业作品。他们想自由选题。被拒绝后，他们离开了学院，组织了一个独立的“自由画家协会”。新协会由伊万·克拉姆斯柯依主持。

这些艺术家希望艺术不仅能被上流社会的受教育者所理解，而且能被广大平民所接受。为此，他们在俄罗斯的不同城市组织了自己作品的展览。这些展览是巡回展，因此，参加展览的艺术家称自己为“巡回展览画派的画家”。巡回展览画派的画家选择日常生活作为自己创作的主题和题材，而这些都是以前绘画艺术界不感兴趣的。

1871 年，巡回展览画派第一次展览在艺术学院开幕。此次展览展出了近 50 幅画作。画家们创作了不同题材的作品：肖像画、风景画、历史画和风俗画。

巡回展览画派的画家为他们那个时代的名人画肖像：费奥多尔·陀思妥耶夫斯基和亚历山

大・奥斯特洛夫斯基(画家 В. 彼罗夫)、列夫・托尔斯泰(画家 И. 克拉姆斯柯依)、莫杰斯特・穆索尔斯基(画家 И. 列宾)、伊万・屠格涅夫(画家 Н. 盖依)。这些肖像不仅为我们保留了伟人们的外貌,还为我们保留了他们丰富的内心世界。

历史画的创作也获得了新的发展。创作历史画的画家有:伊利亚・列宾(《伊凡雷帝和他的儿子伊凡》)、尼古拉・盖依(《彼得大帝审问王子阿历克赛》)、瓦西里・苏里科夫(《近卫军临刑的早晨》《女贵族莫洛卓娃》)。过去,画家们创作英雄题材的作品:胜利、伟人的功勋事迹、加冕仪式。而现在,画家们关注历史上的悲剧。画家想要描绘出复杂的历史事件背景下,人物的内心感受。伊凡雷帝惊恐地看着被自己在愤怒之下杀死的儿子的尸体。此刻在我们面前的不是一位伟大的君主,而是一个悲痛欲绝的父亲。彼得大帝的目光充满仇恨,与之相比,在红场上等待处决的近卫军更令人感到同情。被锁链锁住的女贵族莫洛卓娃似乎并不是受害者,而是胜利者,她高高举起的手臂代表着巨大的精神力量。

风景画也是巡回展览画派最喜欢的艺术创作类型之一。伊万・希施金、阿尔希普・库因吉、伊萨克・列维坦能够十分精准地描绘出俄罗斯大自然的特征。大自然本身成了他们画作的主角。

И. 列维坦的风景画富有独特的魅力和诗意。画家用最美妙的色调描绘每个季节的"情绪"(《金黄色的秋天》《三月》)。在《深渊旁》这幅画中,暴风雨的天空、阴沉的森林和黑暗的河水让观众感到焦虑不安。当你看到《在永恒的安宁之上》(又译《墓地上空》)这幅画时,也许反而有一种完全平静的感觉。在这里,我们面前有一个巨大的空间——天空、湖水、草地。画作的前景是岛屿的边缘,岛上有一座小教堂。没有一个人,只有自然和寂静。

画家尼古拉・亚罗申科的作品是风俗画艺术流派的代表。他的画作中的人物来自不同的社会阶层(《司炉工》《囚犯》《学生》)。该流派的作品描绘普通人的生活场景(《处处有生活》《在秋千上》)。

巡回展览画派的作品是俄罗斯艺术的骄傲。在位于莫斯科的特列季亚科夫画廊和位于圣彼得堡的俄罗斯博物馆就能看到这些画家最著名的作品。

3.4.3 Изобразительное искусство в XX веке
20 世纪的造型艺术

Текст

В истории русской культуры XX в. можно выделить три основных периода: Серебряный век (с конца XIX в. до 20-х гг. XX в.), советский (до 1991 г.) и постсоветский (после 1991 г.) периоды.

Серебряный век — время расцвета русской культуры. В литературе, музыке, изобразительном искусстве появляются новые направления, стили, творческие объединения и группы. Главными художественными методами являются реализм и модернизм. Внутри модернизма развиваются различные направления: символизм, кубизм и др. Серебряный век подарил мировой культуре выдающиеся произведения русской литературы и искусства.

Октябрьская революция 1917 года и Гражданская война (1918–1920 гг.) полностью изменили жизнь российского общества. Оно разделилось на два враждебных лагеря. Многие из тех, кто не принял революцию, были вынуждены уехать из страны. Несмотря на тяжёлое время, 1920-е годы стали одним из самых ярких этапов в истории советской культуры. Появились художественные течения, которые создавали новое, революционное искусство: футуризм, конструктивизм. Представители этих течений отрицали традиционное искусство, считая его устаревшим в условиях нового социалистического общества.

В русском изобразительном искусстве никогда не было такого количества направлений, течений и художественных объединений, как в начале XX века. Они имели различные теоретические программы и художественные принципы.

В начале XX века продолжали работать художники-передвижники (И. Репин, В. Поленов, В. Васнецов, В. Суриков, В. Серов и др.).

Большую роль в изобразительном искусстве этого периода сыграл «Мамонтовский кружок». Его центром было Абрамцево — подмосковное имение промышленника и мецената Саввы Мамонтова. Участники кружка развивали народные традиции в искусстве. В этой мастерской работал художник Виктор Васнецов — на его картинах возрождается старинная Русь и волшебная русская сказка («Богатыри», «Витязь на распутье», «Иван-царевич на сером волке», «Алёнушка» и др.).

Русский авангард — понятие, которое вошло и в историю мирового искусства. Оно объединяет несколько течений, представители которых искали новые, необычные средства выражения формы и содержания. Они отрицали классические культурные традиции. В 1910-е годы зарождается русский абстракционизм, лидерами и теоретиками которого становятся В. Кандинский [«Импровизация № 7»(1910), «Смутное»(1917)] и К. Малевич [«На сенокосе»(1929), «Чёрный квадрат»(1915)].

Новые слова и выражения

куби́зм 立体派
футури́зм 未来派
конструктиви́зм 结构派
отрица́ть 否定
при́нцип 原则
«Ма́монтовский кружо́к» 马蒙托夫艺术小组
име́ние 庄园,田园
промы́шленник 企业主,企业家
возрожда́ться 恢复,复兴
аванга́рд 前卫(先锋派)
абстракциони́зм 抽象派
ли́дер 领先者,领头
теоре́тик 理论家

20 世纪俄罗斯文化史可以分为三个主要历史时期：白银时代（从 19 世纪末到 20 世纪 20 年代之前），苏联时期（从 20 世纪 20 年代到 1991 年之前）和后苏联时期（1991 年之后）。

白银时代是俄罗斯文化繁荣时期。在文学、音乐和造型艺术中出现了许多新的流派、风格、创作协会和团体。现实主义和现代主义成为主要的艺术手法。在现代主义中发展出不同的流派：象征主义流派、立体主义流派等。白银时代为世界文化贡献了诸多杰出的俄罗斯文学和艺术作品。

1917 年十月革命和内战（1918—1920 年）彻底改变了俄罗斯社会生活。它被分为两个敌对阵营。许多不接受革命的人被迫离开国家。尽管处在艰苦岁月，但 20 世纪 20 年代依旧是苏联文化史上最辉煌的阶段之一。此时出现了新的艺术流派，它们创作了新的革命性的艺术，这些流派有：未来主义流派、结构主义流派。这些流派摒弃传统艺术，认为在新的社会主义社会中传统艺术已经过时了。

在俄罗斯造型艺术中，从未出现过像 20 世纪初那样多的流派和艺术协会。它们有不同的理论纲领和艺术原则。

在 20 世纪初，巡回展览画派的艺术家们（И. 列宾、В. 波列诺夫、В. 瓦斯涅佐夫、В. 苏里科夫、В. 谢罗夫等）仍在创作。

这一时期，“马蒙托夫艺术小组”在造型艺术中发挥了重要作用。该小组的活动中心是阿布拉姆采沃——位于莫斯科近郊，是企业家和慈善家萨瓦·马蒙托夫的庄园。小组成员在艺术中发展民间传统。画家维克多·瓦斯涅佐夫也在艺术小组中创作——古罗斯和神奇的俄罗斯童话故事（《三勇士》《十字路口的勇士》《骑着灰狼的伊凡王子》《阿廖努什卡》等）在他的画作中得以复兴。

俄罗斯先锋派是一个已列入世界艺术史中的概念。先锋派把不同流派的艺术联合起来，寻找崭新的、不同寻常的表达形式和内容。他们摒弃了古典文化传统。在 20 世纪 10 年代俄罗斯抽象派诞生，其领导人和理论家是 В. 康定斯基[《构图 7 号》（1910 年）、《混乱》（1917 年）]和 К. 马列维奇[《在割草场上》（1929 年）、《白底上的黑色方块》（1915 年）]。

Упражнения и задания

1. Ответьте на вопросы.

1）На какие жанры разделилась живопись?

2）Какие художественные направления были в XVIII веке?

3）Что главное в классицизме? Как вы понимаете порядок и разумность?

4）Что главное в сентиментализме?

5）Какое известное художественное объединение появилось в XIX веке? Каких известных художников и их картины вы можете назвать?

6）Какая цель была у передвижников? Какие темы присутствовали у передвижников?

7）С именем какого известного русского писателя связывает Серебряный век?

8) Какие существуют направления Серебряного века?

9) Назовите известные картины Виктора Васнецова.

10) Что вы можете сказать о «русском авангарде»? Какие течения относятся к нему? Каких известных художников и их картины вы можете назвать?

2. Запомните следующих художников и их произведения!

画家	作品
В. Боровиковский 鲍罗维柯夫斯基	«Портрет М. И. Лопухиной»《玛·伊·洛普希娜肖像》
И. Крамской 克拉姆斯柯依	«Неизвестная»《无名女郎》
В. Серов 谢罗夫	«Девочка с персиками»《拿桃子的姑娘》
И. Репин 列宾	«Иван Грозный и сын его Иван»《伊凡雷帝和他的儿子伊凡》 «Бурлаги на Волге»《伏尔加河上的纤夫》
Н. Ге 盖依	«Пётр I допрашивает царевича Алексея Петровича в Петергофе»《彼得大帝审问王子阿历克赛》
В. Суриков 苏里科夫	«Утро стрелецкой казни»《近卫军临刑的早晨》 «Боярыня Морозова»《女贵族莫洛卓娃》
И. Шишкин 希施金	«Рожь»《麦田》 «Утро в сосновом лесу»《松林里的早晨》
И. Левитан 列维坦	«Золотая осень»《金黄色的秋天》, «Март»《三月》, «У омута»《深渊旁》, «Над вечным покоем»《墓地上空》
В. Васнецов 瓦斯涅佐夫	«Богатыри»《三勇士》 «Витязь на распутье»《十字路口的勇士》 «Иван-царевич на сером волке»《骑着灰狼的伊凡王子》 «Алёнушка»《阿廖努什卡》
В. Кандинский 康定斯基	«Импровизация № 7»《构图 7 号》 «Смутное»《混乱》
К. Малевич 马列维奇	«На сенокосе»《在割草场上》 «Чёрный квадрат»《白底上的黑色方块》

知识链接

俄罗斯绘画艺术发展阶段

第一个阶段是古罗斯时期,也就是从基辅公国形成至彼得大帝改革以前这段时间。这是俄国封建社会初期对拜占庭文化的移植与古罗斯民族艺术的形成时期。在俄罗斯文化中可以看到拜占庭文化的深刻影响。

第二个阶段是彼得大帝到叶卡捷琳娜女皇统治的整个18世纪,这是俄国的改革和“欧化”时期。俄国文化在意大利和法国古典艺术的影响下迅速发展,俄国艺术开始纳入欧洲文艺发展的进程,欧洲流行的古典主义这时在俄国也被效法和模仿。世俗人物肖像画是18世纪俄罗斯绘画艺术的一种主要体裁形式,并取得了较高的成就。肖像画的主人公大都是沙皇、宫廷显贵和其他贵族,表现出当时贵族在国家生活中的地位和作用。

第三个阶段是俄国美术最光辉的19世纪。19世纪俄国的一流画家基本上都毕业于皇家美术学院,尔后又赴西欧留学考察。他们既具有深厚的造型基本功力,又博览西欧艺术大师名作。世纪初在美术学院一批教授的影响下,创作题材主要是宗教神话内容,表现形式遵循学院派古典主义。19世纪中期,在启蒙思想影响下,又涌现出一大批具有民主主义思想的批判现实主义画家。彼罗夫(1834—1882年)最具代表性,他与克拉姆斯柯依、马柯夫斯基、希施金、萨符拉索夫等14人发起并在莫斯科成立了“巡回展览画派”。作为生机勃勃的大众艺术的现实主义,开始与没落的官方学院派决然对立。这个画派从成立一直到20世纪初,成为推动俄国艺术发展进步的艺术团体,拥有很多著名的大画家,如列宾、苏里科夫、希施金、列维坦、谢洛夫等。

第四个阶段是19世纪末20世纪初,俄罗斯绘画受欧洲哲学、文学以及欧洲文化运动思潮的影响,各种矛盾与对立的观念并存,呈现出复杂、多元的局面,被人们称为“白银时代”。从强调独特视角和别致构思的“艺术世界”派到提倡大胆革新和反叛的先锋派,以及印象派、原始派、立体派、未来派、表现派等美学理论层出不穷,并在俄国画坛得到充分的展现。“艺术世界”派、先锋派等不同流派的画家们在作品中最大限度地体现新的美学原则和艺术理想。十月革命后,社会主义现实主义成为主流创作方法。其继承了19世纪俄国现实主义的绘画传统,同时又把革命的内容、苏维埃生活的新貌表现在国内战争时期的舞台布景艺术、宣传车和宣传船等绘画之中。宣传画、讽刺画和诗配画是动员人民、打击敌人的有力武器,战争年代这些绘画形式发挥了特有的作用。

俄罗斯巡回展览画派

俄罗斯巡回展览画派是1870年至1923年间由俄国现实主义画家组成的集体,成立于彼得堡,发起人为伊万·尼古拉耶维奇·克拉姆斯柯依、瓦西里·格里高里耶维奇·彼罗夫、格里高里·格里高里耶维奇·米亚索耶多夫等。19世纪中叶,随着农奴制度的解体,俄国迎来了文化艺术的繁荣,在布留洛夫、伊凡诺夫相继谢世之后,经过整整一代人的努力, 到

70年代，随着俄国批判现实主义文学运动的高涨，出现了著名的现实主义画派——巡回展览画派。巡回展览画派画家摒弃俄罗斯学院派画家的唯心主义美学，以批判现实主义为创作方法和原则，决心把绘画艺术从贵族沙龙里解放出来，主张真实地描绘俄罗斯人民的历史、社会、生活和大自然，揭露沙俄专制制度和农奴制。

1871年11月29日，巡回展览画派在彼得堡举行了首批画展，参加这次展览的作品包括瓦西里·格里高里耶维奇·彼罗夫的《猎人的休息》、萨符拉索夫的《白嘴鸦飞来了》、盖依的《彼得大帝审问王子阿历克赛》、伊凡·伊凡诺维奇·希施金的《松林里的早晨》和克拉姆斯柯依的《无名女郎》等47件作品，受到观众热烈的赞扬，展览大获成功。俄国老百姓第一次在公开的展览会上看到了描写自己生活的具有俄罗斯乡土风情的绘画。从这一年起，以后几乎每年"巡回艺术展览协会"都举行一次巡回画展，在莫斯科、基辅、哈尔科夫、奥德萨、喀山等地都举办过巡回画展。

巡回展览画派代表人物有伊万·尼古拉耶维奇·克拉姆斯柯依、伊里亚·叶菲莫维奇·列宾、伊凡·伊凡诺维奇·希施金、瓦伦丁·亚历山德罗维奇·谢罗夫等。

3.5 АРХИТЕКТУРА И СКУЛЬПТУРА

建筑与雕塑艺术

Текст

С середины XVIII в. центром подготовки русских архитекторов стала Академия художеств в Санкт-Петербурге. Там обучались такие выдающиеся мастера, как Василий Баженов, Иван Старов, Андреян Захаров. Раньше архитекторов приглашали из-за границы, потому что Пётр I хотел, чтобы новая столица — Петербург — имела европейский облик.

Первые здания, построенные в Петербурге, — Петропавловская крепость и Петропавловский собор. Их строили по проекту швейцарского архитектора Доменико Трезини. Вместо традиционных круглых башен по углам крепости построили пятиугольные. Архитектор Трезини создавал проекты дворцов. Для царя были построены два дворца — Зимний (его затем перестроили) и Летний (сохранился без изменений).

Из Италии в Россию были приглашены архитекторы Карло и Франческо Растрелли. Карло Растрелли был известным скульптором. Он создавал скульптуры выдающихся людей (Петра I, А. Меньшикова, Анны Иоанновны и др.), прекрасные фонтаны, а также театральные декорации. Его сын Франческо Растрелли был архитектором, он работал в стиле барокко.

Барокко — торжественный, парадный стиль. Здания украшались величественными колоннами и скульптурами. Сложные формы и разнообразные декоративные элементы должны были поразить зрителя. Этот стиль прекрасно подходил для новой европейской столицы.

Самая известная работа Ф. Растрелли в Санкт-Петербурге — Зимний дворец. Он считается самым большим дворцом в России (в нём более 1 000 комнат). Сейчас там находится крупнейший российский музей — Эрмитаж.

В 1760-х гг. в русской архитектуре произошли большие изменения: на смену барокко пришёл классицизм. В отличие от роскошного, нарядного барокко для классицизма характерны простота и строгость.

Выдающимся московским архитектором, работавшим в стиле классицизма, был Василий Баженов. Известные творения Баженова в Москве — дом Пашкова (сейчас одно из зданий Российской государственной библиотеки), дворцово-парковый ансамбль Царицыно, который он строил как московскую резиденцию императрицы Екатерины Великой.

Самый известный памятник Петру I, установленный в Санкт-Петербурге, также выполнен в стиле классицизма (автор — Этьен Фальконе, французский в России). В XIX в. великий русский поэт А. С. Пушкин написал о нём поэму «Медный всадник».

В конце XIX в. – начале XX в. главным архитектурным стилем стал модерн. Этот стиль был популярен в Европе, Америке и России. Типичные для модерна детали — плавно изогнутые линии, причудливые формы, растительный орнамент, часто — отсутствие симметрии. Архитекторы применяли новые для того времени строительные материалы — бетон, сталь, стекло.

В Москве в этом стиле построены Третьяковская галерея (арх. Виктор Васнецов), Ярославский вокзал (арх. Фёдор Шехтель), Казанский вокзал (арх. Алексей Щусев).

В 1920-х гг. в архитектуре России появился новый стиль — конструктивизм. Его сторонники считали, что конструкция важнее композиции. Внешний вид здания определялся его назначением, а количество украшений было минимальным. Одно из самых известных произведений в стиле конструктивизма — Мавзолей В. И. Ленина на Красной площади (арх. А. Щусев).

В 1930-х гг. на смену конструктивизму пришёл монументальный «сталинский ампир». Архитекторы создавали огромные, подавляющие своим размером здания. Самым популярным архитектурным украшением становится колоннада — она выражает силу и величие власти.

Наиболее полное представление о «сталинском ампире» может дать Всероссийский выставочный центр в Москве (раньше он назывался ВДНХ). Многочисленные павильоны выставки построены в стиле «сталинского ампира»: помпезные и вычурные, пышно украшенные, они производят очень необычное впечатление.

Символом «сталинского ампира» стали семь высотных зданий — знаменитые московские высотки, построенные в честь победы в Великой Отечественной войне. Богато украшенные внутри и снаружи, эти здания выглядят очень монументально. Самая известная из высоток — главное здание Московского государственного университета им. М. В. Ломоносова.

Станции метро в 1930-е – 1950-е годы строились как подземные дворцы. Строители использовали самые красивые и дорогие материалы — мрамор, гранит. Одна из самых знаменитых станций Московского метрополитена — «Маяковская» (арх. А. Душкин). Станции «Маяковская», «Кропоткинская», «Красные ворота», «Сокольники» получили главные призы на международных архитектурных выставках.

Новые слова и выражения

выдаю́щийся 杰出的

о́блик 外貌，面貌

баро́кко 巴洛克式

пара́дный 装饰华丽的，豪华的

декорати́вный 美丽如画的，美观的

порази́ть 使震惊

резиде́нция 官邸，公馆

моде́рн 现代派

изо́гнутый 曲线的

причу́дливый 新奇别致的

расти́тельный орна́мент 植物形状的装饰图案

симме́трия 对称

бето́н 混凝土

конструктиви́зм 构成主义，结构主义

констру́кция 结构，构造

компози́ция 结构，构图

назначе́ние 用途，用处

монумента́льный 宏伟的，宏大的

ста́линский ампи́р 斯大林时期的帝国风格(又称“后古典主义”)

подавля́ющий 压倒的，远远超过的

колонна́да (列)柱廊，列柱

павильо́н 陈列馆

помпе́зный 富丽堂皇的

вы́чурный 奇异精巧的，过分装饰的

пы́шно 华丽地

мра́мор 大理石

грани́т 花岗岩

приз 奖，奖品

自18世纪中叶以来，圣彼得堡艺术学院已成为俄罗斯建筑师培训中心。瓦西里·巴热诺夫、伊万·斯塔罗夫和安德烈扬·扎哈罗夫等杰出的建筑大师都在那里学习过。此前，都是从国外邀请建筑师，因为彼得大帝希望将新都圣彼得堡建成欧式风格。

圣彼得堡的第一批建筑是彼得保罗要塞和彼得保罗大教堂。它们是根据瑞士建筑师多梅尼科·特雷齐尼的设计建造而成的。要塞各角的塔楼被建造成五角形，而不是传统的圆形。建筑师特雷齐尼还设计了宫殿。为沙皇建造了两座宫殿——冬宫(后来重建)和夏宫(保存完好)。

建筑师卡洛·拉斯特雷利和弗朗切斯科·拉斯特雷利从意大利被邀请到俄罗斯。卡洛·拉斯特雷利是一位著名的雕塑家。他创作了许多杰出人物(彼得大帝、A. 缅希科夫，安娜·伊凡诺

芙娜等)的雕像、美丽的喷泉,以及剧院装饰。他的儿子弗朗切斯科·拉斯特雷利则是一名巴洛克风格建筑师。

巴洛克是一种庄严豪华的艺术风格。建筑物装饰着雄伟的柱子和雕塑。复杂的外形和各种华丽的装饰让人叹为观止。对于新的欧式的首都来说,这种风格再合适不过了。

Ф. 拉斯特雷利在圣彼得堡最著名的作品当属冬宫。它是俄罗斯最大的宫殿(拥有 1 000 多个房间)。现在俄罗斯规模最大的博物馆——埃尔米塔什就坐落于此。

在 18 世纪 60 年代,俄罗斯建筑发生了巨大的变化:巴洛克风格被古典主义所取代。与豪华、优雅的巴洛克风格相比,古典主义具有简洁和规整的特点。

瓦西里·巴热诺夫是莫斯科杰出的古典主义风格建筑师。他在莫斯科的著作是帕什科夫故居(现在是俄罗斯国家图书馆的建筑之一)、察里津诺宫殿园林建筑群,该建筑群是叶卡捷琳娜女皇在莫斯科的住所。

圣彼得堡最著名的彼得大帝纪念碑也是以古典主义风格建造的(作者是在俄罗斯的法国人艾蒂安·法尔科内)。19 世纪,伟大的俄国诗人普希金为此创作了叙事长诗《青铜骑士》。

在 19 世纪末和 20 世纪初,现代派成为主流建筑风格。这种风格在欧洲、美国和俄罗斯都很流行。现代派的典型特点是流畅的曲线、奇异的形状、植物形状的装饰图案,并且常常不具有对称性。建筑师们使用当时的新建筑材料——混凝土、钢材、玻璃。

在莫斯科,特列季亚科夫画廊(建筑师维克多·瓦斯涅佐夫)、雅罗斯拉夫斯基火车站(建筑师费奥多尔·舍赫杰尔)和喀山火车站(建筑师阿列克谢·休谢夫)就是以这种风格建筑的。

在 20 世纪 20 年代,俄罗斯建筑艺术中出现了一种新的风格——结构主义。它的支持者认为结构比构图更重要。建筑物的外观由其用途决定,而装饰品做到极简。最著名的结构主义风格作品之一就是红场上的列宁墓(建筑师 A. 休谢夫)。

在 20 世纪 30 年代,结构主义被宏伟的"斯大林时期的帝国风格"(又称"后古典主义")所取代。建筑师创造了数量庞大的建筑。最受欢迎的建筑装饰是柱廊,它代表着权力的崇高和力量。

莫斯科全俄展览中心(原名:国民经济成就展览馆)完全展现出了"斯大林时期的帝国风格"。展览的许多展厅是以"斯大林时期的帝国风格"建造的:富丽堂皇、奇异精巧、装饰华丽,给人留下非同寻常的印象。

在莫斯科有七座建筑可以称为"斯大林时期的帝国风格"的象征。这七座建筑都是莫斯科著名的摩天大楼,是为纪念伟大的卫国战争胜利而建造的。这些建筑内外装饰华丽,看起来非常宏伟壮观。其中最著名的建筑是莫斯科国立罗蒙诺索夫大学的主楼。

20 世纪 30—50 年代期间,地铁站被建造成地下宫殿。建筑师们用最漂亮、最昂贵的材料——大理石、花岗岩建设地铁站。莫斯科最著名的地铁站之一是"马雅可夫斯基"站(建筑师 A. 杜什金)。"马雅可夫斯基"站、"克鲁泡特金"站、"红门"站和"索科利尼基"站在国际建筑展览会上获得了重要奖项。

Упражнения и задания

1. Ответьте на вопросы.

1) Что такое барокко? Назовите характерные особенности барокко. Назовите известные здания, построенные в стиле барокко.

2) Что такое классицизм? Назовите характерные особенности классицизма. Назовите известные архитектурные постройки, построенные в стиле классицизм. Назовите известного архитектора, работавшего в стиле классицизм.

3) Какой стиль появился в конце XIX – начале XX вв.? Назовите известные здания, построенные в стиле модерн.

4) Что такое конструктивизм? Назовите характерные особенности.

5) Что такое сталинский ампир? Назовите характерные особенности. Назовите известные архитектурные постройки, построенные в этом стиле.

2. Заполните таблицу правильно.

Ф. Растрéлли 拉斯特雷利(意)

В. Бажéнов 巴热诺夫(俄)

Э. Фальконé 法尔科内(法)

В. Васнецóв 瓦斯涅佐夫(俄)

Ф. Шéхтель 舍赫杰尔(俄)

А. Щýсев 休谢夫(俄)

Время	Стиль архитектуры	Представитель	Известные творения
В XVIII в.	барокко	Франческо Растрелли	
В 1760-х гг.	классицизм		Дом Пашкова Царицыно
		Этьен Фальконе	
В конце XIX в. –начале XX в.			Третьяковская галерея
		Фёдор Шехтель	Ярославский вокзал
		Алексей Щусев	Казанский вокзал
В 1920-х гг.	конструктивизм	Алексей Щусев	
В 1930-х гг.			ВВЦ
			МГУ

3.6 ДЕКОРАТИВНО-ПРИКЛАДНОЕ ИСКУССТВО
实用装饰艺术

Русские народные промыслы
俄罗斯民间工艺

Текст

Хохлома — центр по производству расписной деревянной посуды. Этот промысел возник в конце XVII в. – начале XVIII в. в селе Хохлома. Хохломские изделия поражают удивительными красками: чёрно-красный орнамент из цветов и листьев на золотом фоне. В хохломской росписи встречаются также образы птиц, коней, всадников. Традицию окраски посуды в золотой цвет мастера Хохломы унаследовали от мастеров иконописи. Хохломская посуда и в наши дни пользуется большой популярностью.

С XVI в. в селе Богородское Московской области существует народный промысел — богородская деревянная игрушка. Богородские мастера вырезают из дерева не только фигурки людей и животных, но и целые скульптурные композиции. В их основе лежат сюжеты сказок, стихов, даже исторических событий. Самую большую известность получили двигающиеся фигурки. Несложное устройство заставляет фигурки двигаться: куры клюют зерно, крестьяне пилят дрова, медведи играют на музыкальных инструментах.

А в XVII в. центром производства игрушек был город Сергиев Посад (Московская область). В Богородском вырезали фигурки, а в Сергиевом Посаде их использовали для украшения дома. Изделиями мастеров Сергиева Посада играли царевичи. Именно в Сергиевом Посаде в конце XIX в. начали делать матрёшек, которые сегодня стали самым известным русским сувениром.

Гжельская керамика — этот промысел возник в подмосковной деревне Гжель во второй половине XVIII в. Посуда и статуэтки, выполненные из фаянса, раскрашиваются в белый и синий цвета. В настоящее время в Гжели продолжается традиционное производство. Благодаря фантазии гжельских мастеров сине-белая роспись поражает разнообразием форм и сюжетов.

В слободе Дымково (Кировская область) дымковская игрушка. Мастера делают из глины небольшие фигурки птиц, людей, животных, затем обжигают их и раскрашивают яркими узорами. Часто в виде разноцветных фигурок делают свистульки — их особенно любят дети. В наше время дымковские игрушки чаще используются как украшение или сувенир.

Федоскино и Палех — центры по производству лаковой миниатюры. Этот уникальный промысел появился в России в XVIII в. Небольшие коробочки, шкатулки, табакерки делали из специального картона и украшали миниатюрными рисунками. Обычно изображали сценки из жизни: чаепитие, катание на тройках, народные гулянья. Затем эти изделия покрывали лаком — отсюда название «лаковая миниатюра».

Первым центром лаковой миниатюры было подмосковное село Федоскино. В XX в. его традиции перешли к мастерам села Палех Ивановской области. Жители Палеха в течение долгого времени занимались иконописью. В советское время их промысел оказался не нужен — иконы как предмет церковного быта были запрещены. Чтобы не исчезли уникальные традиции, мастерам Палеха предложили заняться производством лаковой миниатюры.

В палехской живописи используются приёмы иконописи, которые придают миниатюрам особую неповторимость. Традиционно используется чёрный фон, который усиливает яркие краски и тонкие линии рисунка. Сюжеты могут быть самыми разными: русские народные сказки, исторические события, сцены из сельской жизни. Палехская живопись стала так популярна, что используется не только в лаковой миниатюре, но и в книжных иллюстрациях, при украшении помещений.

В соседнем с Федоскино селе Жостове в начале XIX в. появился подносный промысел (жостовский поднос) — изготовление лакированных металлических подносов с яркой росписью. Чаще всего на подносе изображают яркие цветы на чёрном фоне, но встречаются и целые картины — пейзажи, натюрморты, сценки из народной жизни.

Тульские самовары — производством огромного ассортимента самых разнообразных по своим формам самоваров славится город Тула. Без самовара не обходилось ни одно семейное событие или приём гостей, сейчас самовар остаётся необходимым предметом в жизни любого россиянина. Но если раньше вода в самоваре нагревалась от горячего угля, то в наши дни широко используются электросамовары.

Изделия русских народных промыслов очень популярны как на родине, так и во многих странах. Иностранцы привозят домой на память о России яркие сувениры: разноцветные матрёшки, нарядную хохлому, палехские шкатулки, жостовские подносы и тульские самовары.

Новые слова и выражения

про́мысел 手工业

возни́кнуть 出现

изде́лие 制造品，产品

орна́мент 图案装饰

ро́спись 画上花彩，装饰图案

унасле́довать 继承

вы́резать 雕刻

статуэ́тка 小雕像

фая́нс 瓷土

фанта́зия 想象

слобода́ 大村庄
гли́на 黏土
узо́р 花纹
свисту́лька 口哨
ла́ковая миниатю́ра 涂漆的小型艺术品
шкату́лка 首饰匣
карто́н 硬纸板,硬纸盒
тро́йка 三套车
исче́знуть 消失
иллюстра́ция 插图
натюрмо́рт 静物画
самова́р 茶炊
ассортиме́нт 花色,品种

霍赫洛玛(村)是彩绘木器生产中心。霍赫洛玛彩绘工艺兴起于 17 世纪末至 18 世纪初,起源于霍赫洛玛村。霍赫洛玛出品的木器色彩引人注目:在金色背景上装饰着黑色和红色的花朵和叶子图案。在霍赫洛玛彩绘工艺中,还有鸟类、马匹和骑士的形象。采用金色绘制器皿的传统是霍赫洛玛工艺师从圣像画师那里继承而来的。霍赫洛玛器皿至今依然广受欢迎。

16 世纪以来,在莫斯科州的博戈罗茨科耶村一直流传着一种民间工艺——博戈罗茨科耶木雕玩具。工匠们不仅用木料雕刻人物和动物,而且还创作完整的雕刻作品。这些作品的题材通常取自民间故事、诗歌,甚至是历史事件。最著名的木雕作品当属会活动的小木偶。简单的装置就可以使木雕移动:小鸡啄米,农民砍柴,小熊演奏乐器。

而在 17 世纪,谢尔吉耶夫波萨德市(莫斯科州)成为玩具生产中心。在博戈罗茨科耶制作木雕,而在谢尔吉耶夫波萨德市人们用这些木雕装饰房屋。王子公主们都玩谢尔吉耶夫波萨德工匠们制作的玩具。19 世纪末,也是在谢尔吉耶夫波萨德市开始制作套娃,如今套娃已成为俄罗斯最著名的纪念品。

格热利陶瓷——这种工艺起源于 18 世纪下半叶莫斯科附近的格热利村。格热利陶瓷是一种用陶土烧制而成的蓝白色调的器皿和瓷雕像。当今时代,在格热利依旧生产着这种传统工艺品。格热利陶瓷工匠极具想象力,在瓷器上用蓝白色调绘制出各种形式和题材的装饰画,令人赞叹不已。

在德姆科沃镇(基洛夫州)生产德姆科沃玩具。工匠们用黏土烧制各种鸟类、人物、动物的小塑像,再用鲜艳的色彩为其上色。可吹响的玩具(笛子、哨子等)通常被装饰得五颜六色,孩子们特别喜欢这样的玩具。如今,德姆科沃玩具更常被当作装饰品或纪念品。

费多斯基诺村和帕列赫村是微型漆画艺术品生产中心。这种独特的工艺出现在 18 世纪的俄罗斯。用特制的硬纸板制成小盒子、首饰匣、鼻烟壶,并在上面用微型画装饰。通常,这些微型画描绘的是生活中的场景:喝茶休闲、骑三套马车兜风、民间游园活动。然后,这些艺术品被进行涂漆处理,因此被称作"微型漆画"。

莫斯科附近的费多斯基诺村是微型漆画艺术品的第一个中心。20 世纪,微型漆画艺术传到了伊万诺夫州的帕列赫村。曾经,帕列赫村的居民长久以来一直从事圣像画工艺活动。在苏联时期,宗教风习被禁止,因此不需要他们创作圣像画。但为了这种独特的传统工艺不失传,帕列赫村的工艺师开始从事微型漆画艺术的创作。

在帕列赫漆画中,工艺师使用了圣像画技术,这使得画作别具一格。传统上采用黑色背景,这样可使画面色彩鲜明和线条清晰。而漆画的题材也丰富多彩:俄罗斯民间故事、历史事件、农村生活场景。因此帕列赫漆画开始流行,不仅用于微型漆画艺术品上,而且还被用在书籍插图和房屋装饰中。

19 世纪初,费多斯基诺村的邻村若斯托沃出现了一种托盘手工艺(若斯托沃托盘)——生产带有鲜艳彩画的涂漆金属托盘。大多数情况下,托盘上的画作以黑色为底,绘有鲜艳的花束,但也有画着风景画、静物画、民间生活场景画的托盘。

图拉茶炊——由以各种各样的茶炊而远近闻名的图拉市生产。没有哪次家庭活动或招待客人能缺少茶炊,即便是现在,茶炊仍然是俄罗斯人生活中的必需品。只不过,过去用烧煤的茶炊,而现在用电茶炊。

俄罗斯民间手工艺品,不仅在当地广受好评,而且在许多国家也同样非常受欢迎。外国人会把具有俄罗斯特色的纪念品带回家留念:五颜六色的套娃、华丽的霍赫洛玛器皿、帕列赫首饰匣、若斯托沃托盘和图拉茶炊。

Упражнения и задания

Ответьте на вопросы.

1) Какие русские традиционные промыслы вы знаете?
2) Каким орнаментом характеризуется промысел хохлома?
3) Какой город был центром производства богородских деревянных игрушек и матрёшек?
4) Какие сценки из жизни изображали на Палехе?
5) Какие самовары известны больше всего?

3.7 МУЗЫКАЛЬНОЕ ИСКУССТВО
音乐艺术

3.7.1 Русская классическая музыка XIX века
19 世纪俄罗斯古典音乐

Текст

В XIX в. русская классическая музыка достигла уровня лучших мировых образцов. Русские оперы, балеты, симфонические произведения, романсы стали широко известны в мире. XIX век — это «золотой век» в развитии русской культуры.

Первая половина XIX столетия отмечена гением Михаила Ивановича Глинки (1804 – 1857). Подобно Пушкину в поэзии, он был основоположником русской классической музыки — оперной и симфонической. Глинка соединил достижения европейской музыки с русскими образами и сюжетами. Творчество композитора связано с национальным подъёмом, вызванным победой в Отечественной войне 1812 г.

Глинка — автор первых русских опер «Иван Сусанин» («Жизнь за царя») и «Руслан и Людмила». «Иван Сусанин» — патриотическая опера. В основе сюжета лежат реальные исторические события. Главный герой — простой крестьянин Иван Сусанин — ведёт отряд врагов в глухой лес и сам погибает вместе с ними. Опера имела огромный успех.

«Руслан и Людмила» — опера-сказка, написанная на сюжет одноимённой поэмы А. С. Пушкина. Здесь соединяются две темы: лирическая (любовь Руслана и Людмилы) и героическая (борьба между сказочными силами добра и зла). Силы добра символизируют Русь, а силы зла — иноземных врагов.

Глинка часто обращается к народной музыке. В его произведениях можно услышать мотивы русских народных песен. Глинка — автор музыки прекрасных романсов, которые исполняются и сегодня.

Во второй половине XIX в. создаётся творческое объединение «Могучая кучка». В него входили композиторы Милий Балакирев, Модест Мусоргский, Александр Бородин, Николай Римский-Корсаков, Цезарь Кюи. Они стремились передать в музыке русский национальный характер, поэтому часто обращались к событиям русской истории. Участники «Могучей кучки» привлекли внимание широкой публики к русскому фольклору. Они издали несколько сборников народных песен.

Наиболее известным русским композитором XIX века является Пётр Чайковский. Чайковский был первым русским композитором, получившим широкое признание за рубежом. Он создал 11 опер, 3 балета, 6 симфоний, более 100 романсов.

Две лучшие оперы Чайковского — «Евгений Онегин» и «Пиковая дама» — написаны на сюжеты произведений Пушкина. Чайковский часто обращался к литературе не только при создании опер и балетов. Многие его симфонии и концерты написаны под впечатлением шедевров европейской литературы. Чайковский был мастером психологического портрета в музыке. Обращаясь к литературным произведениям, композитор по-новому раскрывал их. В «Евгении Онегине» исчезает оттенок лёгкой иронии, который был в поэме Пушкина, отношения героев становятся глубже и трагичнее. В «Пиковой даме» главный герой — Герман — пытается угадать тайну трёх карт не ради денег, а ради любви. Именно любовь, а не желание стать богатым, движет Германом.

В конце XIX в. русский балет переживает настоящий подъём. Благодаря Чайковскому появился балет, в котором музыкальные образы развиваются, как в опере и симфонии, и имеют свою музыкальную драматургию. «Лебединое озеро» и «Спящая красавица» стали классикой мирового балетного искусства. Свой последний балет — «Щелкунчик» — Чайковский написал по новогодней сказке Э. Т. Гофмана специально для детей.

Чайковский, как и другие русские композиторы XIX века, постоянно обращался к народному творчеству. Многие его романсы сами стали народными песнями.

Новые слова и выражения

рома́нс 浪漫曲

отме́тить 庆祝

основополо́жник 奠基人,创始人

подъём 高涨,高潮

глухо́й 荒无人烟的

символизи́ровать 象征

моти́в 动机

исполня́ться 表演,唱

«Могу́чая ку́чка» 强力集团

привле́чь 吸引

симфо́ния 交响乐

шеде́вр 杰作

дви́гать (кем-чем) 成为(某人行为的)动机,支配,支使

драматурги́я 戏剧艺术

在19世纪,俄罗斯古典音乐达到了世界领先水平。俄罗斯歌剧、芭蕾舞剧、交响乐作品、浪漫抒情曲举世闻名。19世纪是俄罗斯文化发展的"黄金时代"。

19世纪上半叶以米哈伊尔·伊万诺维奇·格林卡(1804—1857)为标志。如同普希金在诗坛中的地位一样,格林卡是俄罗斯古典音乐(歌剧和交响乐)的创始人。他吸取欧洲音乐的成果,并融入俄罗斯的形象和题材。他的作品与1812年卫国战争胜利引起的民族热潮有关。

格林卡是第一批俄罗斯歌剧《伊凡·苏萨宁》(原名《为沙皇献身》)和《鲁斯兰与柳德米拉》的作者。《伊凡·苏萨宁》是一部爱国主义题材的歌剧,根据真实的历史事件改编。主人公——一名普普通通的农民伊万·苏萨宁——诱敌进入森林深处,并与敌人同归于尽。这部歌剧取得了巨大的成功。

《鲁斯兰与柳德米拉》是一部童话剧,改编自普希金的同名诗歌。故事结合了两个主题:抒情(鲁斯兰和柳德米拉的爱情)和英勇(童话中的善恶之战)。善良的力量象征着俄罗斯,邪恶的力量象征着外来侵略者。

格林卡经常钻研民族音乐。在他的作品中,您可以听到俄罗斯民族曲风。格林卡创作出优美的浪漫主义旋律,时至今日他的作品仍被传唱着。

在19世纪下半叶,出现了创作集体"强力集团"。"强力集团"的成员有:作曲家米利·巴拉基列夫、莫杰斯特·穆索尔斯基、亚历山大·鲍罗廷、尼古拉·里姆斯基-科萨科夫、凯撒·居伊。他们试图在音乐中传达俄罗斯的民族性格,因此经常研究俄罗斯历史事件。"强力集团"的成员引起了广大听众对俄罗斯民间文学的关注。他们还出版了几本民歌集。

19世纪最著名的俄罗斯作曲家是彼得·柴可夫斯基。柴可夫斯基是第一位在国外获得广泛认可的俄罗斯作曲家。他创作了11部歌剧、3部芭蕾舞剧、6部交响曲、100多首浪漫曲。

柴可夫斯基最出色的两部歌剧《叶甫盖尼·奥涅金》和《黑桃皇后》都是根据普希金的作品改编的。柴可夫斯基不仅仅在创作歌剧和芭蕾舞剧时经常借鉴文学作品。他的很多交响曲和协奏曲也是在欧洲文学杰作的影响下创作出来的。柴可夫斯基是音乐界的心理肖像画大师。作曲家以全新的方式揭开文学作品的面纱。在歌剧《叶甫盖尼·奥涅金》中，普希金原诗中那淡淡的讽刺意味消失不见，人物之间的关系变得更加深刻和悲惨。在歌剧《黑桃皇后》中，主人公格尔曼并不是为了钱，而是为了爱情，才试图去猜测那三张牌的秘密。是爱，而不是致富的欲望，驱使着格尔曼。

19 世纪末，俄罗斯芭蕾舞的发展达到了高潮。芭蕾舞剧的出现有赖于作曲家柴可夫斯基的创作。如同歌剧和交响乐，芭蕾舞剧的音乐形象得以发展，并有其自身独特的音乐戏剧风格。《天鹅湖》和《睡美人》成为世界芭蕾舞艺术的经典之作。柴可夫斯基创作的最后一部芭蕾舞剧《胡桃夹子》，改编自霍夫曼的新年童话故事，是专门为儿童创作的。

柴可夫斯基与 19 世纪其他俄罗斯作曲家一样，不断地钻研俄罗斯民间艺术。他的许多浪漫曲本身就属于俄罗斯民间歌曲。

3.7.2 Музыкальное искусство XX века
20 世纪音乐艺术

Текст

Русские и советские композиторы и исполнители занимают важное место в мировой музыкальной культуре XX столетия. Во всём мире знают и любят произведения композиторов Сергея Рахманинова, Сергея Прокофьева, Дмитрия Шостаковича, Альфреда Шнитке.

Композитор Сергей Прокофьев (1891–1953) по-новому раскрыл традиционные жанры классической музыки — оперу, балет, симфонию. Среди шедевров, созданных Прокофьевым, — балет «Ромео и Джульетта» (1936), в котором танцевала великая русская балерина Галина Уланова. Композитор создал оперу «Война и мир» по роману Л. Толстого. Как и многие другие произведения Прокофьева, опера «Война и мир» принималась музыкантами с большим трудом. Их поражала сложность музыкального языка и то, что герои Толстого будут не говорить, а петь. Музыка Прокофьева достаточно сложная, она требует от слушателя сосредоточенности.

Композитор Дмитрий Шостакович (1906–1975) писал симфонии, концерты и музыку для камерных ансамблей. Особую историю имеет Седьмая («Ленинградская») симфония. Композитор создавал её во время блокады Ленинграда немецкими войсками в июле–декабре 1941 года. Премьера этого произведения в блокадном городе стала настоящим подвигом музыкантов.

В 1960–70-е годы становится популярной авторская песня. Это песня, музыку и слова которой пишет сам исполнитель — бард. Авторские песни обычно исполняют под гитару. Один из первых бардов в России — Александр Галич — сказал об этих песнях: «стихи, которые поются». В творчестве бардов нашли отражение простые и вечные ценности: вера, надежда, любовь, дружба, честность, верность, родина, чувство долга.

Самым любимым в народе бардом был Владимир Высоцкий (1938–1980). Он играл в Театре на Таганке, снимался в кино. Песни, написанные и исполняемые Высоцким, сразу становились популярными. Он стал знаменит на всю страну, хотя долгое время не было объявлений о его концертах, его не пускали на радио, телевидение. Высоцкий сумел выразить в своём творчестве мысли, надежды и увлечения своих современников. Ему удавалось рассказать в песнях о тех сторонах жизни, о которых не принято было говорить открыто.

Также в 1960–70-е годы в России зарождается музыкальный авангард. Для представителей этого направления характерны необычные выразительные средства. Композиторы-авангардисты ищут новые звуки и образы.

В 1980-е годы в стране появилась рок-культура. Главным в рок-музыке всегда было слово. Тексты песен выражали протест молодого поколения, которое хотело перемен в жизни страны.

Современная российская музыкальная жизнь очень насыщенна и разнообразна. Развиваются все музыкальные направления: классика, джаз, народная и церковная музыка, эстрада.

Новые слова и выражения

сосредото́ченность 集中精力
ка́мерный анса́мбль 室内乐(小型乐队)
а́вторская пе́сня 原创歌曲
бард 弹唱诗人
вырази́тельные сре́дства 表现手段
переме́на 改变
насы́щенный 内容丰富的
эстра́да 曲艺

在20世纪的世界音乐文化中,俄国和苏联时期的作曲家及演奏家占有重要地位。作曲家谢尔盖·拉赫玛尼诺夫、谢尔盖·普罗科菲耶夫、德米特里·肖斯塔科维奇、阿尔弗雷德·施尼特凯的作品享誉全球。

作曲家谢尔盖·普罗科菲耶夫(1891—1953)重新演绎了古典音乐的传统流派,如歌剧、芭蕾舞和交响乐。普罗科菲耶夫创作的杰作之一——芭蕾舞剧《罗密欧与朱丽叶》(1936年)。俄罗斯著名芭蕾舞演员加林娜·乌兰诺娃曾出演过这部芭蕾舞剧。作曲家根据列夫·托尔斯泰的小说创作了歌剧《战争与和平》。普罗科菲耶夫的许多作品很难被音乐家们理解,歌剧《战争与和平》也不例外。他们对音乐语言的复杂性以及托尔斯泰笔下的人物不说话而是唱歌这件事感到惊讶。普罗科菲耶夫的音乐相当复杂,需要听众全神贯注地去聆听。

作曲家德米特里·肖斯塔科维奇(1906—1975)为室内乐团创作交响乐、协奏曲和音乐。《第七(列宁格勒)交响曲》有着特殊的历史故事。作曲家在 1941 年 7 月至 12 月列宁格勒被德国军队封锁时期创作了这首曲子。在列宁格勒的首演成为音乐家真正的功勋。

20 世纪 60—70 年代,原创歌曲开始流行。这类歌曲的词、曲均由演奏者本人创作,这样的演奏者被称作弹唱诗人。原创歌曲通常用吉他伴奏演唱。俄罗斯最早的弹唱诗人之一亚历山大·加利奇谈到这些歌曲时说:"它们是被唱出来的诗歌。"弹唱诗人的作品反映了朴素且永恒的价值观:信仰、希望、爱情、友谊、诚实、忠诚、家园和责任感。

最受人们喜爱的弹唱诗人是弗拉基米尔·维索茨基(1938—1980)。他在塔甘卡剧院演出,出演电影。维索茨基创作和演唱的歌曲立即流行起来。即使很长一段时间没有他开音乐会的消息、广播里和电视上没有他的报道,也不影响他火遍全国各地这一事实。维索茨基能够在自己的作品中表达出同时代人的思想、希望和爱好。他在歌曲中成功地讲述了那些生活中无法言说的内容。

同时在 20 世纪 60—70 年代,俄罗斯出现了先锋派音乐。这一音乐流派的特点就是采用不同寻常的表现手段。先锋派作曲家正在寻找新的声音和形象。

20 世纪 80 年代,俄罗斯出现了摇滚乐文化。词一直都是摇滚乐的主要部分。歌词表达了年轻一代的抗议,他们希望改变国家的生活。

现代俄罗斯音乐生活非常丰富多样。所有的音乐流派,古典音乐、爵士乐、民间和教会音乐、曲艺等,都在不断发展。

3.7.3 Народная музыка и танцы
民间音乐与舞蹈

Текст

Народные инструменты

Главные русские народные инструменты включают балалайку, гусли, гармошку, и другие.

Народные танцы

Русская пляска носила весьма импровизированный характер. Самые известные русские танцы — баярыня и хоровод. Кроме того, ещё яблочко, кадриль и казачок. Яблочко — весёлый танец для парней, исполняемый в быстром темпе.

Народные песни

Частушка — короткая рифмованная четырёхстрочная песенка, которая исполняется в быстром темпе под аккомпанемент гармошки. Темы — любовь, семейные отношения. Частушки также служили жанром острой политической сатиры. Немало вызывающих частушек складывалось во время перестройки.

Духовные стихи — это старинные эпические и лирические народные песни религиозного содержания (передают в стихотворной форме христианские легенды, апокрифы, жития), их пели по религиозным праздникам.

Колокола — традиция русских колоколов родилась уже в Новгороде. Колокола звучали во время церковной службы, они возвещали о приближающемся враге и о других бедствиях.

Новые слова и выражения

инструме́нты 乐器

балала́йка 巴拉莱卡琴

гу́сли 古斯里琴

гармо́шка 手风琴

пля́ска 舞蹈(多指民间舞)

импровизи́рованный (诗歌、乐曲等)即兴作成的

хорово́д 轮舞,环舞

я́блочко 海军舞

кадри́ль 卡德里尔舞

казачо́к 哥萨克舞

часту́шка 流行歌谣;四句头

рифмо́ванный 押韵的

аккомпанеме́нт 伴奏

эпи́ческий 史诗的

лири́ческий 抒情的

колокола́ 排钟,管钟

церко́вная слу́жба 教堂礼拜

возвеща́ть 宣告,通知

民间乐器

俄罗斯主要民间乐器包括巴拉莱卡琴、古斯里琴、手风琴和其他的一些乐器。

民间舞蹈

俄罗斯民间舞最大的特点就是即兴。最著名的俄罗斯舞蹈是巴勒娘舞和轮舞。除此之外还有海军舞、卡德里尔舞、哥萨克舞。海军舞是一种欢快的男士舞蹈,节奏很快。

民间歌曲

流行歌谣四句头是一种短小四句押韵歌曲,通常在手风琴的伴奏下演唱,节奏欢快。这类歌谣的主题有:爱情、家庭关系。流行歌谣也是一种尖锐的政治讽刺体裁。在改革期间出现了许多挑衅性的歌谣。

赞美诗是带有宗教内容的古老史诗和抒情民歌(以诗歌形式传播基督教传说、伪经、传记)。每当庆祝宗教节日时,人们就会演唱这种诗歌。

排钟——俄罗斯排钟的传统诞生于诺夫哥罗德。教堂礼拜时钟声响起,宣布敌人即将到来或其他灾难的来临。

Упражнения и задания

1. Ответьте на вопросы.

1) Каким веком считается XIX век в развитии русской культуры?

2) Назовите известных композиторов в XIX в. и их произведения.

3) Какое известное музыкальное объединение создаётся во второй половине XIX в.?

4) Какие композиторы и исполнители занимают важное место в мировой музыкальной культуре XX столетия?

5) Какие произведения создал композитор Сергей Прокофьев?

6) Когда создал Седьмую симфонию композитор Дмитрий Шостакович?

7) Что значит «бард»?

8) Кто был самым любимым в народе бардом?

9) Какие народные инструменты в России?

10) Какие народные танцы в России?

2. Напишите имени композиторов и их произведения.

Композиторы	Произведения

知识链接

“强力集团”简介

俄罗斯“强力集团”又称“五人强力集团”“五人团”“新俄罗斯乐派”“巴拉基列夫小组”。指由巴拉基列夫、穆索尔斯基、里姆斯基-科萨科夫、鲍罗廷、居伊等五位俄罗斯作曲家与艺术评论家斯塔索夫组成的作曲家社团，形成于19世纪60年代。以发扬和促进俄罗斯民族音乐为宗旨。巴拉基列夫是“强力集团”的领导人。穆索尔斯基是“强力集团”中最主要的作曲家。他在继承传统音乐的基础上，对朗诵旋律和表现形式进行改革和创新，增强了艺术形象的真实性和生动性。“强力集团”成员的艺术思想受革命民主主义者车尔尼雪夫斯基等人影响较大。“强力集团”继格林卡之后，为俄罗斯民族音乐的进一步发展做出了贡献。

肖斯塔科维奇C大调《第七交响曲》

C大调《第七交响曲》，又名《列宁格勒交响曲》，苏联作曲家肖斯塔科维奇的作品。第二次世界大战中，苏德战争爆发后，苏联政府马上动员艺术界“为祖国而战”，由此产生了许多伟大的爱国主义作品，这部交响曲就是其中的佳作。作者肖斯塔科维奇表示：“此曲是战斗的诗篇，是坚强的民族精神之赞歌。”全曲的气势极其宏伟壮大，终乐章的音响更是震耳欲聋。德军包围列宁格勒，造成城内危机的1941年7月末，作者肖斯塔科维奇在列宁格勒作为

"防空监视队"的一员战斗在第一线。就是在这种十分艰苦的条件下，肖斯塔科维奇完成了此曲的大部分草稿。1942 年 3 月 5 日，在古比雪夫"文化宫殿"的礼堂，这部作品由隆莫斯德指挥，莫斯科国立剧场管弦乐团演奏，同时对全国及国外做现场直播。本曲题献给列宁格勒，并获得当年斯大林奖的首奖。

Контрольная работа

Об образовании в России

1. В России образование подразделяется на ____________ образование, ____________ образование, ____________ образование и ____________ обучение, обеспечивающие возможность реализации права на образование в течение всей жизни.

2. В Российской Федерации устанавливаются следующие уровни общего образования: ____________ образование; ____________ образование; ____________ образование; ____________ образование.

Об изобразительном искусстве

3. В XVIII в. главным направлением во всех областях искусства был ____________, а в конце XVIII в. на смену ему приходит новое художественное направление — ____________.

4. Назовите 4 известных художника-передвижника: ____________, ____________, ____________, ____________.

5. С конца XIX в. до 20-х гг. XX в. ____________ век — время расцвета русской культуры.

6. Соедините правильно части слева и справа.

В. Боровиковский	«Девочка с персиками»
И. Крамской	«Утро стрелецкой казни»
И. Репин	«Богатыри»
В. Суриков	«Чёрный квадрат»
И. Шишкин	«Иван Грозный и сын его Иван»
И. Левитан	«Мария Лопухина»
В. Васнецов	«Импровизация № 7»
В. Серов	«Золотая осень»
К. Малевич	«Неизвестная»
В. Кандинский	«Утро в сосновом лесу»

Об архитектуре и скульптуре

7. В Санкт-Петербурге Зимний дворец — архитектура стиля ____________.

8. Известные творения Баженова в Москве: ____________ и ____________.

9. Здания ____________ и ____________ являются архитектурным стилем «сталинский ампир».

О декоративно-прикладном искусстве

10. Назовите 3 художественных изделий русских мастеров: ____________, ____________, ____________.

О музыкальном искусстве

11. Назовите 3 русских народных музыкальных инструмента: ____________, ____________, ____________.

12. Назовите русские народные танцы, которые вы знаете: ______________________________ ____.

13. ____________ был основоположником русской классической музыки — оперной и симфонической. Он написал оперы «____________» и «Руслан и Людмила».

14. Во второй половине XIX в. создаётся творческое объединение «____________».

15. ____________ является наиболее известным русским композитором XIX века. Его две лучшие оперы «____________» и «____________» — написаны на сюжеты произведений Пушкина.

16. ____________ создал балет «Ромео и Джульетта».

17. Композитор ____________ симфонию «____________» во время блокады Ленинграда.

3

РАЗДЕЛ 4　РУССКАЯ ЛИТЕРАТУРА
第四单元　俄罗斯文学

4.1　ФОЛЬКЛОР
民间文学

Текст

В течение многих веков единственной формой словесного художественного творчества было устное народное творчество — фольклор. Устное народное творчество богато, красочно и разнообразно.

Устная поэзия имела много жанров: сказки, былины, песни, заговоры, пословицы, поговорки, загадки. В них отразился быт народа, житейская мудрость и его мировоззрение: основными чертами которого были оптимизм и гуманизм.

Произведения устного народного творчества и в настоящее время широко используются в быту, в воспитании детей. Невозможно представить себе детство в России без сказок, загадок, песен. Мать укладывает ребёнка спать и обязательно поёт ему колыбельные песни. Этим песням много сотен лет.

Русские народные сказки учат, что только добрый, честный, щедрый человек может добиться успеха, а злой, хитрый и жадный обязательно будет наказан.

Герои былин помогают бедным и слабым, защищают от врагов родную землю. Самые известные герои былин: Илья Муромец, Алёша Попович, Добрыня Никитич, князь Владимир — добрые богатыри.

Заговоры: У кошки боли, у собачки боли, а у Вани заживи.

Колыбельная: Баю баюшки бою, не ложися на краю, придёт серенький волчок и ухватит за бочок.

Сказки: «Репка» «Курочка ряба»

Загадки: Не лает, не кусает, а в дом не пускает.

Новые слова и выражения

фолькло́р 民间(口头)创作,民俗

слове́сный 口头的

тво́рчество 创作,创造;作品

поэ́зия 诗,诗歌

жанр 体裁

были́на (俄国民间歌颂壮士的)壮士歌

за́говор 咒语,咒文,符咒

погово́рка 俗语

зага́дка 谜语

отрази́ться 反映,(内心感情)流露出

мировоззре́ние 世界观

черта́ 特征,特点

оптими́зм 乐观主义

гумани́зм 人道主义

быт 日常生活

воспита́ние 教育,培养

предста́вить себе́ 想象

укла́дывать 使……躺下睡觉

колыбе́льный 摇篮的,催眠的

со́тня 一百

ще́дрый 慷慨的,大方的

жа́дный 贪婪的

наказа́ть 惩罚

богаты́рь 勇士

几个世纪以来,口头艺术创作的唯一形式是口头民间创作——民间文学。口头民间作品丰富多彩,种类繁多。

口头诗歌有多种体裁:童话故事、壮士歌、歌曲、咒语、谚语、俗语、谜语。这些口头诗歌反映了人民的日常生活、处世智慧,以及他们的以乐观主义和人道主义为特征的世界观。

如今,口头民间创作的作品普遍用于日常生活和儿童教育当中。很难想象,如果没有童话故事、谜语、歌曲,俄罗斯人的童年生活会是什么样子。母亲哄孩子睡觉的时候,一定会给他唱摇篮曲。这些歌曲已有数百年的历史。

俄罗斯民间故事教会人们只有善良、诚实、慷慨的人才能获得成功,而邪恶、狡猾、贪婪的人一定会受到惩罚。

壮士歌里的主人公帮助穷人和弱者,保护他们的祖国免受敌人的侵害。最著名的壮士歌主人公:伊利亚·穆罗梅茨、阿廖沙·波波维奇、多布雷尼亚·尼基季奇、弗拉基米尔公爵都是善良的勇士。

咒语:让小猫痛吧,让小狗痛吧,让万尼亚快快康复吧。

摇篮曲:睡吧,睡吧,睡吧,不要躺在床边呀,大灰狼来抓你啦。

童话故事:《拔萝卜》《花母鸡》

谜语:不叫也不咬,但能让人进不去屋。(打一物品)

4.2 ПАМЯТНИКИ ДРЕВНЕРУССКОЙ ЛИТЕРАТУРЫ

古罗斯文学文献

Текст

Пока точно не установлено, когда возникла письменность у славян. Систематизировали письменность, создали алфавит в Ⅸ веке братья Кирилл и Мефодий.

В середине Ⅺ века при князе Ярославе Мудром на Руси появились первые письменные произведения словесного творчества — летописи. К сожалению, во время татаро-монгольского нашествия погибло большинство древних русских книг.

Самая древняя книга, которая сохранилась до наших дней — летопись «Повесть временных лет» (《往年纪事》). В ней можно прочитать о происхождении Руси, о князьях. Самый известный памятник древней русской литературы — «Слово о полку Игореве» (《伊戈尔远征记》) неизвестного автора.

В 1986 году по решению ЮНЕСКО во всём мире отмечалось 800-летие существования этого произведения. Его текст занимает 7-8 современных печатных страниц, но он известен всем как один из литературных шедевров мировой эпохи.

«Слово о полку Игореве» является историческим памятником древнерусской литературы. В «Слове о полку Игореве» рассказывается о неудачном военном походе русского князя Игоря. Главная идея произведения — объединение русских князей против общего врага. Вообще в ⅩⅢ-ⅩⅤ веках произведения древней русской литературы выражают народный дух единства и сплочённости в сопротивлении завоевателям.

Основной жанр — повесть, наполненная историческим содержанием. В ⅩⅦ веке появляются произведения о частных лицах, появляются первые стихотворения. Очень распространён житийный жанр — рассказы о жизни святых людей. Например, «Житие Протопопа Аввакума», «Хождение за три моря» Афанасия Никитина.

Новые слова и выражения

установи́ть 确定,建立

пи́сьменность 文字

славя́не 斯拉夫人

систематизи́ровать 把……系统整理

алфави́т 字母表

ле́топись 编年史

наше́ствие 入侵,侵犯

большинство́ 大多数

происхожде́ние 起源

существова́ние 存在

печа́тный 印刷的，在刊物上发表的

шеде́вр 杰作，代表作品

похо́д 远征，征伐

объедине́ние 联合，合并

сплочённость 团结

сопротивле́ние 抵抗，反抗

распространи́ть 推广，传播

жити́йный 有关圣徒传记的

斯拉夫文字出现的具体时间尚无定论。西里尔和梅福季兄弟在9世纪创制了字母表，并系统整理了文字。

11世纪中叶，在智者雅罗斯拉夫大公统治期间，古罗斯出现了第一批口头创作的文字作品——编年史。不幸的是，在鞑靼蒙古人侵期间大部分古罗斯书籍没有保存下来。

流传至今最古老的书籍是编年史《往年纪事》。其中追溯了古罗斯的起源，记载了很多大公的生平和事迹。《伊戈尔远征记》是古代俄罗斯文学最高成就的英雄史诗，作者不详。

1986年，根据联合国教科文组织的决定，全球举行该著作存世800周年的庆祝活动。宣传这次活动的文章在现代报刊上占了7—8个版面，它被公认为世界文学杰作之一。

《伊戈尔远征记》是古罗斯文学的历史丰碑。《伊戈尔远征记》讲述了伊戈尔大公出征作战却兵败的历史悲剧。这部著作的中心思想是团结一致，抵御侵略。总的来说，13到15世纪的古代俄罗斯文学作品均表达了团结一致抵抗侵略和民族统一的决心。

这一时期文学作品的主要类型是历史题材小说。在17世纪出现了自传体文学作品，并出现了第一批诗歌。此时，非常流行圣徒传记体裁的作品——讲述圣者生活的故事。例如，《大司祭阿瓦库姆行传》和阿法纳西·尼基京的《三海之旅》。

知识链接

古代俄罗斯文学

俄罗斯文学起源于10世纪与11世纪之交。12世纪末《伊戈尔远征记》以史诗般雄浑生动的文笔叙述1185年诺夫哥罗德-谢韦尔斯基大公伊戈尔孤军出征南方波洛夫人兵败被俘及最后回国的经历，贯穿团结御敌的思想。

古代俄罗斯文学的四个时期：

1. 基辅罗斯时期(11至12世纪上叶)

最古老的编年史《往年纪事》，约作于1113年。

2. 封建割据时期(12世纪中叶至13世纪上半期)

古俄罗斯文学的最高成就是英雄史诗《伊戈尔远征记》，创作于12世纪末。全诗以12世纪罗斯王公伊戈尔兵败被俘为史实依据，描写了伊戈尔既拥有抗御外敌的英雄气概，又具有轻率孤傲的性格特征。

3. 鞑靼蒙古统治与俄罗斯中央集权国家形成时期(13世纪下半期至15世纪)

《顿河彼岸之战》是14世纪末15世纪初军事文学的典范。

4. 中央集权巩固时期(15世纪末至17世纪)

《大司祭阿瓦库姆行传》是俄罗斯文学史上的第一部自传体作品。

4.3 ЛИТЕРАТУРА XVIII ВЕКА

18世纪文学

Текст

Классицизм

Реформы Петра I ввели русский народ в круг европейских государств. В XVIII веке главным направлением в русской литературе, как и литературах всей Европы, становится классицизм. Но русский классицизм очень тесно связан с просветительством. Это делало русскую литературу более демократичной.

Самый известный поэт XVIII века в России — М. В. Ломоносов был также великим учёным. Создание в России первого университета — его заслуга. Кроме того, именно он создал теорию русского стихосложения и подтвердил её практикой: он писал прекрасные стихи-оды, например, «На день восшествия императрицы Елизаветы на престол».

Сентиментализм

Известный поэт XVIII века Г. Р. Державин, в своих стихах — давал советы императору по управлению государством. К началу XIX века в России возникает новое литературное направление — сентиментализм.

Карамзин — это создатель психологической повести, одним из ярких представителей этого направления является творчество, например, «Бедная Лиза» (《可怜的丽莎》). Главная мысль этого произведения — "И крестьянки любить умеют" — была открытием для того времени. До Н. М. Карамзина героями литературных произведений могли быть только представители высшего общества — дворяне. Во второй половине своей жизни Карамзин посвятил много лет работе над «Историей государства российского» (《俄国史》). Это большое литературное произведение исторического характера.

Новые слова и выражения

классици́зм 古典主义

направле́ние 流派

просвети́тельство 启蒙运动，启蒙思潮
демократи́чный 民主的
заслу́га 功劳，功勋，功绩
подтверди́ть 证实，确认
восше́ствие на престо́л 登基
сентиментали́зм 感伤主义
управле́ние 管理
представи́тель 代表
дворяни́н 贵族

古典主义

彼得大帝的改革将俄罗斯带入了欧洲。18 世纪的俄罗斯文学，也与整个欧洲文学相同，古典主义成为主流。但俄罗斯的古典主义与启蒙运动有着非常密切的联系。这使得俄罗斯文学更具有民主化特征。

18 世纪俄罗斯最著名的诗人 М. В. 罗蒙诺索夫也是一位伟大的科学家。他创办了俄罗斯第一所大学。此外，也正是他建立了俄罗斯诗体理论并用实践证明了这一理论：他创作出许多优美的诗体颂歌（颂诗），例如《伊丽莎白女皇登基之日》。

感伤主义

18 世纪著名诗人 Г. Р. 杰尔扎温在自己的诗歌中就如何治理国家向皇帝提出了建议。19 世纪之前，俄罗斯出现了一种新的文学流派——感伤主义。

卡拉姆辛是感伤主义文学的奠基人，这一流派最杰出的代表作有《可怜的丽莎》。这部作品的中心思想“农家姑娘也懂得爱情”在当时开了先河。在卡拉姆辛之前，只有上流社会的代表——贵族才能成为文学作品的主人公。卡拉姆辛在后半生多致力于《俄国史》的创作。这是一部伟大的历史性文学作品。

知识链接

18 世纪俄罗斯文学

古典主义

18 世纪 30 年代兴起的古典主义，是此后将近半个世纪俄罗斯文学的基本流派。

米哈伊尔·瓦西里耶维奇·罗蒙诺索夫（1711—1765）在俄罗斯语言发展方面贡献很大。根据古典主义的原则，罗蒙诺索夫把文学体裁划分为高、中、低三种，规定每种体裁所允许使用的词汇。这为克服当时俄语的混杂现象、创造统一的规范语言打下了基础。罗蒙诺索夫的颂诗标志着俄罗斯新文学的真正开端。

杰尼斯·伊凡诺维奇·冯维辛（1745—1792）最著名的喜剧是《纨绔少年》（1782 年）。《纨绔少年》虽然还遵守“三一律”，但是深刻揭露了农奴主的残暴和寄生性，点出农奴制是俄国的万恶之源，向现实主义迈进了一步。

感伤主义

18世纪末，感伤主义在俄国兴起，主要反映了1773至1775年普加乔夫起义后贵族的忧伤情绪。其倡导人卡拉姆辛(1766—1826)打破古典主义的禁忌，将卑贱者的形象引入文学。

亚历山大·尼古拉耶维奇·拉吉舍夫(1749—1802)最重要的作品是俄罗斯文学史上第一部强烈反对农奴制的力作《从彼得堡到莫斯科旅行记》(1790年)。

尼古拉·米哈伊洛维奇·卡拉姆辛(1766—1826)被认为是感伤主义的代表，他的中篇小说《可怜的丽莎》(1792年)叙述农村少女丽莎被贵族少爷埃拉斯特遗弃并最终自杀的故事。作者同情丽莎的不幸，但他站在贵族立场，用“命运”来为埃拉斯特辩护，抹杀了造成丽莎的悲剧的社会原因。

4.4 ЛИТЕРАТУРА XIX ВЕКА

19世纪文学

4.4.1 Золотой век

黄金时代

Текст

XIX век — «Золотой век» русской литературы, когда она сначала встала вровень с французской, английской, немецкой литературами, а затем стала выше в литературном мастерстве. В начале века мощно развивалось романтическое направление в русской литературе, а затем в России появилось литературное направление «критический реализм».

Именно XIX век дал миру А. С. Пушкина, М. Ю. Лермонтова, Н. В. Гоголя, И. С. Тургенева, И. А. Крылова, Н. А. Островского, А. А. Фета, Л. Н. Толстого, Ф. М. Достоевского, А. П. Чехова, и многих других известных писателей. В XIX веке русская литература приобрела, по всеобщему признанию, всемирно-историческое значение, стала одной из самых великих литератур мира.

В. А. Жуковский (1783 - 1852) — крупнейший представитель русского романтизма. Известнейшие его произведения — баллады «Людмила», «Светлана» и интимная лирика. В.

А. Жуковский создал жанр русской элегии. Общий тон его произведений: благоговейная задумчивость, тёплый свет, который вызывает у читателя чувство необыкновенного покоя.

А. С. Грибоедов (1795 – 1829) — вошёл в историю русской литературы как автор знаменитой комедии в стихах «Горе от ума». «Горе от ума» — уникальное произведение русского реализма. Главное содержание комедии — борьба нового со старым в обществе. До этого в комедиях сталкивались характеры, вкусы, возрасты. Впервые в этой комедии произошло столкновение героев на идейной почве. Многие строчки из этого произведения стали крылатыми выражениями, как пословицы и поговорки, например, «счастливые часов не наблюдают».

И. А. Крылов (1769–1844) — знаменитый русский баснописец. Это воистину народный поэт. Его басни знает всякий русский человек, слова его басен стали пословицами и поговорками. Поэт и мудрец слились в его поэзии: ни один из поэтов не умел выразить свою мысль так доступно и метко, как М. А. Крылов. «Ворона и лисица» «Свинья под дубом» «Волк и ягнёнок» — звери в его баснях мыслят и поступают как люди.

Новые слова и выражения

вро́вень 与……一样地
мастерство́ 技能，技艺
крити́ческий 批评的，批判的；评论的
приобрести́ 得到，获得
всео́бщий 全面的
призна́ние 承认，坦白
романти́зм 浪漫主义
балла́да 抒情叙事诗
инти́мный 亲密的，亲近的
ли́рика 抒情诗
эле́гия 哀歌，哀诗
тон 写作风格
благогове́йный 极恭敬的，虔敬的
заду́мчивость 沉思
коме́дия 喜剧
уника́льный 独一无二的，罕见的
ста́лкиваться 相撞，碰撞，相遇
баснопи́сец 寓言作家
сли́ться 汇合，合并，融到一起
вы́разить 表达
досту́пно 通俗易懂
ме́тко 精确，准确

19世纪是俄罗斯文学的“黄金时代”。当时，俄罗斯文学起初与法国、英国和德国文学并驾齐驱，随后在文学造诣上独占鳌头。19世纪初，俄罗斯浪漫主义文学迅猛发展，之后俄罗斯出现了批判现实主义的文学思潮。

19世纪涌现出一批举世闻名的作家，如：普希金、莱蒙托夫、果戈理、屠格涅夫、克雷洛夫、奥斯特洛夫斯基、费特、托尔斯泰、陀思妥耶夫斯基、契诃夫等等。在19世纪，俄罗斯文学被公认为具有世界历史意义，成为世界上最伟大的文学之一。

茹科夫斯基（1783—1852）是俄罗斯浪漫主义文学最杰出的代表。他最著名的作品是叙事诗《柳德米拉》《斯薇特兰娜》和抒情诗。茹科夫斯基还开创了俄罗斯哀诗体裁。他的作品能够引起读者的共鸣和思考，给人带来光明和温暖，让人感觉到无比平静。

格里鲍耶陀夫（1795—1829）因著名的诗体喜剧《智慧的痛苦》而载入俄罗斯文学史册。《智慧的痛苦》是一部独特的俄罗斯现实主义文学作品。《智慧的痛苦》的主要内容是新旧社会的矛盾冲突。在此之前，喜剧大多涉及人物性格、品味和年龄的内容。在这部喜剧中第一次出现了基于意识形态的人物冲突。这部喜剧的许多台词已成为如谚语、俗语般的名言警句，例如"美好的时光总是短暂的"。

克雷洛夫（1769—1844）是俄罗斯著名的寓言作家。他是一位真正的民族诗人。他的寓言故事在俄罗斯无人不知，许多寓言句子已经成为谚语、俗语。在他的诗歌中诗人和智者合二为一：没有哪位诗人能够像克雷洛夫那样通俗精准地表达自己的思想。《乌鸦和狐狸》《橡树下的猪》《狼和小羊》——寓言故事中的动物都像人类一样思考和行动。

知识链接

19世纪俄罗斯文学

浪漫主义

19世纪初期，俄国出现浪漫主义文学思潮。

早期的代表作家是茹科夫斯基（1783—1852）、巴丘什科夫（1787—1855）等人和以雷列耶夫（1795—1826）为代表的"十二月党诗人"，成就卓著的是普希金和莱蒙托夫。当时较有影响的作家克雷洛夫（1769—1844）和格里鲍耶陀夫（1795—1829）分别以他们的寓言和剧本推动了俄罗斯文学向现实主义方向的发展。

19世纪30年代前后，俄国的批判现实主义文学（"自然派"）开始形成。

现实主义

大约自19世纪20年代中期开始，俄罗斯文学中出现现实主义。

普希金先后创作大量现实主义的戏剧、小说和诗歌，被尊为俄罗斯近代文学之父。

莱蒙托夫的《当代英雄》，果戈理的剧作和小说都是严峻的现实主义之作。

批判现实主义

19世纪中期，俄国批判现实主义文学逐步走向繁荣。19世纪50—60年代，围绕着对农奴制度的改革问题，革命民主主义者与贵族自由主义者之间展开了激烈的思想交锋。当时有影响的进步刊物主要有涅克拉索夫主持的《现代人》杂志，以及《俄国言论》《北极星》《钟声》等。

4.4.2 А. С. Пушкин (1799-1837)
普希金(1799—1837)

Текст

Пушкин — величайший русский поэт, «солнце русской поэзии».

В его творчестве отражены все направления (классицизм, романтизм, реализм) и жанры (поэзия, проза, драматургия). Пушкин считается основоположником современного литературного языка. Его творчество носит свободолюбивый характер и вступает в конфликт с царём. Он был смертельно ранен на дуэли и умер совсем молодым в 37 лет.

Его поэзия «Кавказский пленник» — первая русская романтическая поэма. «Руслан и Людмила» «Бахчисарайский фонтан» «Медный всадник» — лирико-эпическая поэма на петербургскую тему. «Евгений Онегин» — роман в стихах. «Евгений Онегин» называют «энциклопедией русской жизни». Образ Онегина — тип «лишнего человека» в русской литературе. Лишний человек — образованный, умный, обычно молодой человек, не находящий смысла в жизни.

«Капитанская дочка» — исторический рассказ времён Пугачёвского восстания. «Повести Белкина» «Пиковая дама» — фантастическая повесть. Его драмы «Борис Годунов» — трагедия, описывающая Смутное время. Сказки «Сказка о рыбаке и рыбке» «Сказка о золотом петушке» носят философский, нравственно-поучительный характер.

Его творчество с огромной полнотой, глубиной и художественной силой выразило национальные особенности, духовное могущество русского народа.

Новые слова и выражения

величáйший 最伟大的
эпи́ческий 叙事性的
энциклопéдия 百科全书
óбраз 形象
образóванный 有学识的，知识渊博的
фантасти́ческий 虚构的，幻想的
трагéдия 悲剧
философский 哲学的，有哲理的

普希金——俄国最伟大的诗人、"俄国诗歌的太阳"。

所有流派(古典主义、浪漫主义、现实主义)和体裁(诗歌、散文、戏剧)在他的作品中都得以展现。普希金被认为是现代标准俄语的创始人。他的作品充满了对自由的向往，以及对沙皇的抨

击。他在一次决斗中受重伤去世，享年37岁。

他的诗歌《高加索的俘虏》是俄罗斯第一部浪漫主义诗歌。《鲁斯兰和柳德米拉》《巴赫契萨拉依泪泉》《青铜骑士》是彼得堡主题的抒情叙事长诗。诗体小说《叶甫盖尼·奥涅金》被称为"俄罗斯生活的百科全书"。书中人物奥涅金是俄罗斯文学中"多余人"的典型形象。"多余人"是受过教育的、聪明的人，通常指那些寻找不到生活意义的年轻人。

《上尉的女儿》讲述的是发生在普加乔夫起义时期的历史题材故事。《别尔金小说集》《黑桃皇后》是奇幻题材的中篇小说。戏剧《鲍里斯·戈东诺夫》是一部描写动乱时期的悲剧。《渔夫与金鱼的故事》《金鸡的故事》是具有哲学、道德教育意义的童话故事。

普希金极具完整性、深度和艺术力的作品反映出了俄罗斯人民的民族特点和精神力量。

知识链接

亚历山大·谢尔盖耶维奇·普希金(1799—1837)

亚历山大·谢尔盖耶维奇·普希金是俄国著名的文学家、伟大的诗人、小说家、现代俄国文学的创始人，19世纪俄国浪漫主义文学主要代表，同时也是现实主义文学的奠基人，现代标准俄语的创始人，被誉为"俄国文学之父""俄国诗歌的太阳"。

1825年普希金完成了俄罗斯文学史上第一部现实主义悲剧《鲍里斯·戈东诺夫》。

1830年秋，这是他一生创作的丰收时期，在文学史上被称为"波尔金诺的秋天"。他完成了诗体小说《叶甫盖尼·奥涅金》，塑造了俄罗斯文学中第一个"多余人"的形象。

普希金《别尔金小说集》中的《驿站长》开启了塑造"小人物"的先河。《驿站长》在俄国文学史上第一次提出"小人物"主题。"小人物"主题后来在果戈理、陀思妥耶夫斯基、契诃夫等作家笔下得到长足的发展，成为俄罗斯文学中的一大特色，也表现了俄罗斯作家的民主性。

"多余人"简介

"多余人"一词源自19世纪的俄罗斯文坛，是对当时一种文学典型的命名。他们属于贵族知识分子，但既不满足于自己所处的上流社会，又不能跳出这种生活的小圈子与人民结合，所以在他人看来就成了社会上"多余"的人。"多余人"具有一些共同的特征：多数出身于没落的名门望族，素受文化教养，不为官职钱财所利诱；也能看出现实生活中的某些弊病和缺陷，在反动专制和农奴制下深感窒息。他们虽有变革现实的抱负，但缺少实践。他们生活空虚，性格软弱，没有向贵族社会抗争的勇气，只是用忧郁、彷徨的态度对待生活，在社会上无所作为。

4.4.3 М. Ю. Лермонтов (1814–1841)
莱蒙托夫(1814—1841)

Текст

Сразу же после гибели на дуэли А. С. Пушкина Россия услышала нового поэта: М. Ю. Лермонтов отозвался на гибель А. С. Пушкина стихотворением «На смерть поэта». Сильные чувства, выраженные в этом произведении: ненависть к людям, погубившим Пушкина, горечь утраты, восхищение талантом не могли оставить читателей равнодушными.

Лермонтов — достойный преемник Пушкина. Центральная тема его лирики — личность в её отношении с обществом. Любовь к Родине — основная тема стихотворений Лермонтова «Бородино», «Родина» (Люблю отчизну я, но странною любовью).

Поэмы «Мцыри» «Демон» рассказывают о трагедии сильной, смелой, свободолюбивой личности в условиях, когда она обречена на бездействие.

Больших успехов достиг Лермонтов в области прозы. Подлинным шедевром является его роман «Герой нашего времени». Это первый в России опыт социально-психологического и философского романа. Главный герой Печорин — сильная, волевая натура, жаждущая деятельности. Его характер и поведение отличаются крайней противоречивостью. Роман даёт глубокий психологический анализ человеческих поступков.

Новые слова и выражения

ги́бель 灭亡,死亡
дуэ́ль 决斗
отозва́ться 回答,响应,反映
не́нависть 恨,憎恨
утра́та 损失
восхище́ние 赞赏,赞叹,赞美
равноду́шный 冷淡的,漠不关心的
досто́йный 当之无愧的,名副其实的
свободолюби́вый 爱好自由的
обре́чь 使……注定遭受
безде́йствие 无作为,无所事事
про́за 散文
по́длинный 原本的,正本的,真本的
нату́ра 自然
противоречи́вость 自相矛盾
психологи́ческий 心理的,心理学的
посту́пок 行为

在普希金因决斗去世后,俄国立刻出现了一位新诗人:莱蒙托夫用诗作《诗人之死》对普希金

的去世做出了回应。这首诗所表达出的强烈的情感,包括对杀害普希金者的仇恨、失去的痛苦、对天才的赞扬,无一不让读者动容。

莱蒙托夫是普希金当之无愧的继承者。其抒情诗的中心思想在于个人与社会的关系。热爱祖国是诗歌《鲍罗金诺》、《祖国》(我爱祖国,但用的是奇异的爱情!)的主旨。

长诗《童僧》《恶魔》讲述了一个坚强、勇敢、热爱自由的人注定无所作为的悲剧。

莱蒙托夫在散文方面获得了巨大的成功。其创作的长篇小说《当代英雄》是真正的杰作。它是俄罗斯社会心理小说和哲学小说的初次试作。主人公毕巧林是一个意志坚定、渴望有所作为的人。他的性格和行为极其矛盾。这部小说对人物行为做出了深刻的心理分析。

知识链接

米哈伊尔·尤里耶维奇·莱蒙托夫(1814—1841)

19世纪30年代的莱蒙托夫继承积极浪漫主义诗歌的传统,在作品中表达了对自由的强烈追求和对贵族社会的愤怒谴责,如:《诗人之死》(1837年)、《童僧》(1839年)、《恶魔》(1829—1839年)。他的现实主义小说《当代英雄》是一部卓越的社会心理小说,有鲜明的人物形象、细致的心理描写、高超的艺术手法、完美的结构、优美的语言。作品主人公毕巧林,是继奥涅金之后的第二个"多余人"。

4.4.4 Н. В. Гоголь (1809–1852)
果戈理(1809—1852)

Текст

Н. В. Гоголь начал своё творчество с жизнерадостного, яркого изображения народной жизни. Его искрящиеся житейским юмором повести вышли в свет в двух сборниках под названием «Вечера на хуторе близ Диканьки».

Поздние произведения Гоголя посвящены теме судьбы «маленького человека». Наиболее известна его повесть «Шинель», в которой Гоголь протестует против унижения человеческого достоинства и его пагубного влияния на личность.

В его драматургическом произведении-комедии «Ревизор» Гоголь изображает обывательское существование чиновников маленького городка, взяточников, карьеристов, казнокрадов и бездельников.

Гротесковое пересоздание действительности «смех сквозь слёзы» — основной творческий приём Гоголя. Главное его произведение — поэма в прозе «Мёртвые души» достигает ещё большей силы в изображении пороков русской жизни, их обличении в царской России.

Новые слова и выражения

жизнера́достный 热爱生活的，乐观愉快的

и́скриться 或 **искри́ться** （眼睛）闪出某种目光，〈转〉焕发出

сбо́рник 作品集

протестова́ть 抗议

досто́инство 优点，长处

па́губный 极有害的

драматурги́ческий 戏剧的

обыва́тельский 庸俗的

чино́вник 官员，官吏

взя́точник 受贿者

карьери́ст 追求个人名利地位的人

казнокра́д 盗用公款者

безде́льник 游手好闲的人

гроте́сковый 怪诞的，离奇的

пересозда́ние 改造，革新

поро́к 恶习；放荡的行为

обличе́ние 揭露

果戈理的创作始于对乐观、生动的人民生活的描写。其杰作《狄康卡近乡夜话》充满了日常生活中的幽默，分上下两部出版。

果戈理晚期的作品多以“小人物”的命运为主题。他的中篇小说《外套》最为著名。果戈理在这部小说中抗议侮辱人格尊严及其对个人的有害影响。

在喜剧作品《钦差大臣》中，果戈理描绘了小镇官员、受贿者、野心家、贪污者和游手好闲者的庸俗生活。

怪诞地重塑现实“含泪的笑”是果戈理的主要创作手法。他的主要作品——散文小说《死魂灵》主要描写了沙皇时期生活的弊端以及对沙皇俄国的抨击。

知识链接

尼古拉·瓦西里耶维奇·果戈理（1809—1852）

尼古拉·瓦西里耶维奇·果戈理是俄国19世纪上半叶最优秀的讽刺作家、批判现实主义文学的奠基人之一。他的第一部作品是《狄康卡近乡夜话》，其内容迂回曲折、充满幻想。他最著名的作品是刻画了俄国地主丑恶群像的《死魂灵》和揭露了俄国官僚丑恶的《钦差大臣》（五幕喜剧）。

4.4.5 И. С. Тургенев (1818–1883)
屠格涅夫(1818—1883)

Текст

И. С. Тургенев — знаменитый русский писатель-реалист. Широкую известность принёс ему цикл рассказов «Записки охотника». Главные темы этих рассказов: жизнь крестьян, жизнь помещиков и духовный мир образованного сословия.

Главное литературное наследие Тургенева — его романы «Рудин»«Дворянское гнездо»«Накануне»«Отцы и дети». Чуткость к острым проблемам современности, глубокий реализм, стройность композиции, богатство языка и целая галерея прекрасных женских образов делают творчество Тургенева весомым вкладом в мировую классическую литературу.

Новые слова и выражения

цикл 一组,一套,一系列
поме́щик 地主
сосло́вие 等级,阶层
насле́дие 遗产
чу́ткость 灵敏性,灵活性
стро́йность 严谨性
компози́ция 结构,组成
вклад 贡献

屠格涅夫是著名的俄国现实主义作家。因发表《猎人笔记》系列短篇小说而闻名。农民的生活、地主的生活,以及受教育者的精神世界是这类短篇小说的主题。

屠格涅夫的主要文学遗产当属长篇小说《罗亭》《贵族之家》《前夜》《父与子》。对当代尖锐问题的敏感性、深刻的现实主义、结构的严谨性、语言的丰富性,以及一系列优秀的女性形象都使屠格涅夫的作品为世界古典文学做出了重大的贡献。

知识链接

伊凡·谢尔盖耶维奇·屠格涅夫(1818—1883)

伊凡·谢尔盖耶维奇·屠格涅夫是享有世界声誉的现实主义艺术大师和现实主义作家,诗人和剧作家。

在长篇小说《前夜》(1860 年)中,作家塑造出保加利亚革命者英沙罗夫的形象。这是作家转向以“新人”——平民知识分子为主人公的第一部小说。女主人公叶莲娜是追求自由和解放的新女性形象。

长篇小说《父与子》中，“父辈”指老一代贵族，“子辈”指新一代平民知识分子。小说深刻揭示了这两代人的矛盾和冲突。

4.4.6 И. А. Гончаров (1812-1891) 冈察洛夫(1812—1891)

Текст

Романы «Обыкновенная история» «Обрыв» «Обломов» — крупнейшие произведения русского реализма.

Роман «Обломов» потряс русских читателей глубиной изображения русской жизни. Он был опубликован в 1859 году накануне отмены крепостного права и был обличительным ударом по русскому барству. Роман показывает, как в бесцельном и бездеятельном существовании постепенно умирает в человеке человек.

Новые слова и выражения

потрясти́ 使震动，使吃惊

обличи́тельный 揭发性的

ба́рство 地主老爷们，贵族们

бесце́льный 没有目的的，无目标的

безде́ятельный 不努力工作的，不尽职的

长篇小说《平凡的故事》《悬崖》《奥勃洛摩夫》是俄国现实主义巨作。

《奥勃洛摩夫》中对俄国生活的深刻描述震撼了俄国读者。它出版于1859年农奴制废除前夕，是对俄国贵族的一次沉重打击。小说揭示了一个人如何在漫无目的和无所事事中逐渐丧失自我。

4.4.7 Ф. М. Достоевский (1821-1881) 陀思妥耶夫斯基(1821—1881)

Текст

Ф. М. Достоевский — величайший русский писатель-реалист, знаток жизни, психологясновидец, сострадающий бедным и угнетённым гуманист. Достоевский сделал важное открытие в психологии мелкого чиновника, «маленького человека»: смесь униженности и амбициозности, «двойничество», постоянное метание души.

В середине 40-х годов XIX века в России сложилась своя школа последователей реализма Пушкина, Гоголя, Лермонтова, так называемая «натуральная школа», литература изображающая жизнь без прикрас, как в самой «натуре».

В первом произведении Ф. М. Достоевского, повести «Бедные люди», всё соответствовало духу этой школы, и название произведения, и образы героев, и пафос отстаивания человеческих прав.

Мировой известностью пользуются великие романы «Преступление и наказание» «Идиот» «Братья Карамазовы». Они носят философско-психологический характер.

В романах писатель ставит вопрос о смысле бытия, говорит о социальных, философских и психологических проблемах в жизни человека.

Новые слова и выражения

ясно́видец 有先见之明的人,有预见的人
угнетённый 被压迫的
уни́женность 受侮辱
амбицио́зность 自尊心强,傲慢
двойни́чество 双重性格
мета́ние 翻来覆去,辗转反侧
после́дователь 拥护者,追随者
прикра́сы 夸张
соотве́тствовать 符合
па́фос 兴奋,热情奔放,热情,热潮
отста́ивание 坚持,捍卫
бытие́ 存在,生存

陀思妥耶夫斯基是俄国最伟大的现实主义作家、生活的鉴赏师、心理学家-预言家、同情穷人和被压迫者的人文主义者。陀思妥耶夫斯基在描述小官员、“小人物”的心理上做出了重要的突破:受辱与自尊相结合、双重人格、内心辗转反侧。

19世纪40年代中期,在俄国形成了普希金、果戈理和莱蒙托夫现实主义的追随者的流派,即所谓的“自然派”。这是一种毫无夸张色彩地描绘生活的文学,就像“自然”本身一样。

陀思妥耶夫斯基的第一部作品,中篇小说《穷人》,从书名到主角形象,再到捍卫人权的热情,都符合这一流派的思想。

杰出的长篇小说《罪与罚》《白痴》《卡拉马佐夫兄弟》举世闻名。这些作品都具有哲学心理学的特点。

作家在作品中提出了关于生存意义的问题,谈到了人类生活中的社会、哲学和心理问题。

知识链接

费奥多尔·米哈伊洛维奇·陀思妥耶夫斯基(1821—1881)

费奥多尔·米哈伊洛维奇·陀思妥耶夫斯基是俄国文学的卓越代表。1845年,他写出了自己的第一部作品《穷人》。文学批评家别林斯基称之为“社会小说的第一次尝试”。之后,他先后写出《双重人格》《女房东》《白夜》《脆弱的心》等几部中篇小说以及代表作《罪与罚》《卡拉马佐夫兄弟》。

4.4.8 Л. Н. Толстой (1828–1910)
托尔斯泰(1828—1910)

Текст

Трилогия «Детство», «Отрочество», «Юность», открывающая творчество Л. Н. Толстого, захватывает читателя глубоким психологизмом, умением писателя воспроизводить «диалектику души». В трилогии впервые в русской литературе была поставлена проблема становления характера.

Л. Н. Толстой всю жизнь находился в поисках смысла жизни. Уже при жизни он получил широкую известность, тысячи людей приезжали к нему в его имение Ясная Поляна за советом, узнать его мнение не только по вопросам литературы.

Роман «Война и мир» изображает народ как основную двигательную силу истории.

В основе романа «Анна Каренина» лежит «мысль семейная». Это самый яркий роман в мировой литературе о судьбе женщины в семье, о женской эмансипации.

Роман «Воскресение» всесторонне отражает жизнь различных групп русского общества. В образе главного героя Толстой воплощает свою идею о непротивлении злу насилием, о нравственном самоусовершенствовании человека.

Новые слова и выражения

трило́гия 三部曲

о́трочество 少年(时代)

захва́тывать 引起……极大兴趣

воспроизводи́ть 使复现,使再现

диале́ктика 辩证法

становле́ние 形成

имéние 庄园
изображáть 叙述
эмансипáция 摆脱束缚,解放
всесторóнне 全面地
непротивлéние 不反抗
насúлие 暴力
нрáвственный 精神上的,道德的
самоусовершéнствование 自我完善

《童年》《少年》《青年》三部曲开启了托尔斯泰的创作,以深刻的心理描写和作家再现"心灵辩证法"的技能引起了读者们的极大兴趣。在三部曲中,俄国文学首次提出了性格形成的问题。

托尔斯泰一生都在寻找生命的意义。在生前,他就已经广为人知,成千上万的人来到亚斯纳亚波利亚纳庄园寻求他的建议,不仅仅在文学问题上征求他的意见。

长篇小说《战争与和平》把人民当作历史的主要推动力来描写。

长篇小说《安娜·卡列尼娜》以"家庭思想"为基础。这是世界文学中关于家庭中的女性命运、关于女性解放的最生动的小说。

长篇小说《复活》全面反映了俄国社会各阶层的生活。托尔斯泰借主人公的形象体现不以暴力抗恶的思想和人类道德自我完善的思想。

知识链接

列夫·尼古拉耶维奇·托尔斯泰(1828—1910)

列夫·尼古拉耶维奇·托尔斯泰是俄国著名小说家、评论家、剧作家、哲学家和教育改革家。托尔斯泰还是一位杰出的语言学家,一生掌握了10多种外语。1852年发表处女作《童年》。其杰作有《战争与和平》《安娜·卡列尼娜》《复活》。

4.4.9 А. П. Чехов (1860–1904)
契诃夫(1860—1904)

Текст

А. П. Чехов в своих рассказах и повестях отобразил почти все стороны русской жизни. Удивительны юмор и сатира Чехова. Они синтезируются в его произведениях с раздумьями над смыслом жизни, её трагическими сторонами.

Писатель выбирал темы и сюжеты всем знакомые, его рассказы поражают достовернейшим воспроизведением будничной действительности, жизни простых людей, их стремлений, их судеб. Он тоже продолжает тему маленького человека, гений Чехова проявился в концентрированном изображении явлений жизни лаконичными средствами — небольшими рассказами и драматургическими произведениями.

Широко известны пьесы А. П. Чехова «Чайка», «Дядя Ваня», «Три сестры», «Вишнёвый сад» и рассказы «Смерть чиновника», «Тоска», «Палата № 6».

Новые слова и выражения

сати́ра 讽刺
синтези́роваться 综合,结合
разду́мье 思考,沉思
траги́ческий 悲剧的
сюже́т 情节,主题
воспроизведе́ние 再现
бу́дничный 日常的
стремле́ние 追求,向往
концентри́рованный 集中的
лакони́чный 言简意赅的

契诃夫在他的短篇小说和中篇小说中几乎描绘了俄国生活的方方面面。契诃夫的幽默和讽刺令人惊叹。在他的作品中幽默和讽刺融合到了对生活意义以及生活悲剧面的思考当中。

作家选择了人们熟悉的主题和情节,他的短篇小说真实地复现了人们的日常现实、生活、愿望和命运,给人留下了深刻的印象。他也延续了小人物的主题,契诃夫的天赋表现在他能够用言简意赅的方式(用小故事和戏剧作品)集中描述生活现象。

契诃夫的剧本《海鸥》《万尼亚舅舅》《三姊妹》《樱桃园》,以及短篇小说《小公务员之死》《苦恼》《第六病室》等作品广为人知。

知识链接

安东·巴甫洛维奇·契诃夫(1860—1904)

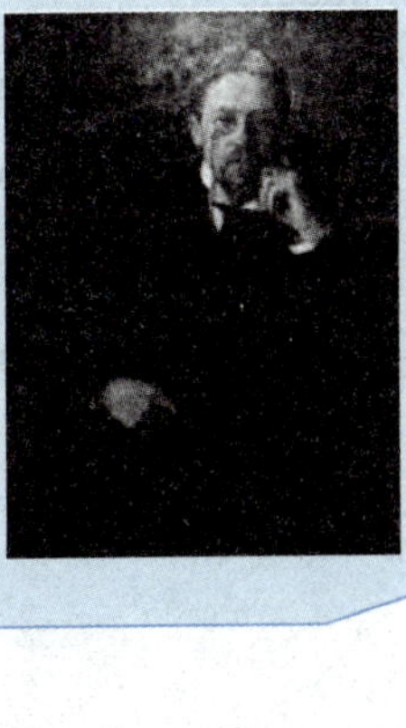

安东·巴甫洛维奇·契诃夫,19 世纪末俄国伟大的批判现实主义作家,幽默讽刺大师,短篇小说之王,著名戏剧作家。其代表作有《变色龙》《胖子和瘦子》《凡卡》《套中人》《小公务员之死》《第六病室》。

契诃夫创作的主要戏剧作品有《伊凡诺夫》《海鸥》《万尼亚舅舅》《三姊妹》《樱桃园》,都曲折反映了俄国 1905 年大革命前夕一部分小资产阶级知识分子的苦闷和追求。

4

Упражнения и задания

Ответьте на вопросы.

1) Какие жанры устного народного творчества вы можете назвать? Кому герои былин помогают и что они делают?

2) Кто создал русский алфавит и когда? Когда на Руси появились первые летописи?

3) Как называется самая древняя русская книга? Как называется самое известное произведение древней русской литерарурь?

4) О чём рассказывается в «Слове о полку Игореве»?

5) Какое направление главное в XVIII веке в русской литературе?

6) Кто М. В. Ломоносов? Его главная заслуга?

7) Какое новое литературное направление возникает к началу XIX века в России?

8) Кто автор произведения «Бедная Лиза»? Главная мысль этого произведения?

9) Какой век считается «золотым веком» в русской литературе? Какие направления появились в начале XIX века в русской литературе?

10) Кто автор комедии «Горе от ума»? Кто автор басни «Волк и ягнёнок»?

11) Какие произведения А. С. Пушкина вы знаете? Какое произведение называют «энциклопедией русской жизни»?

12) Какое произведение — первый реалистический исторический роман в русской литературе?

13) Какие произведения М. Ю. Лермонтов вы знаете?

14) Какое произведение — первый в России опыт социально-психологического и философского романа?

15) Какие произведения Н. В. Гоголя вы знаете? Какой основной творческий приём Гоголя?

16) Какие произведения И. С. Тургенева вы знаете? Какие произведения И. А. Гончарова вы знаете?

17) Какие произведения Ф. М. Достоевского вы знаете?

18) Какие произведения Л. Н. Толстого вы знаете?

19) Какова тема романа «Анна Каренина»?

20) Какие произведения А. П. Чехова вы знаете?

4.5 ЛИТЕРАТУРА КОНЦА XIX – НАЧАЛА XX ВЕКА
19世纪末至20世纪初的文学

4.5.1 Серебряный век
白银时代

Текст

Особенно динамично в этот период развивалась поэзия. Если XIX век называют «золотым веком» в русской литературе, то начало XX века — «серебряный век». В поэзии этого периода существовало несколько направлений. Наиболее значительным направлением русской поэзии этого периода был символизм. Его главные особенности: мистическое содержание, символы и расширение художественной впечатлительности.

Поэты-символисты: В. Брюсов, Д. Мережковский, З. Гиппиус, А. Блок, А. Белый и др. — проповедовали культ красоты и свободного самовыражения поэта. В их творчестве выразились философские искания современников.

Поэты-акмеисты (акмэ-вершина): Н. Гумилёв, А. Ахматова, О. Мандельштам и др. — декларировали «радостное любование бытием».

Поэты-футуристы: В. Маяковский, И. Северянин, Б. Пастернак и др. — называли себя людьми из будущего, не признавали никаких правил и ограничений для творчества.

Новые слова и выражения

динами́чно 蓬勃地，动力地

пери́од 时期

сере́бряный 银的

символи́зм 象征主义

мисти́ческий 神秘的

расшире́ние 扩大，加宽

впечатли́тельность 敏感性

акмеи́ст 阿克梅派诗人

футури́ст 未来主义者

4

诗歌在这一时期发展尤为活跃。如果说19世纪被称为俄罗斯文学的“黄金时代”,那么20世纪初则被视为“白银时代”。这一时期的诗歌有诸多流派,其中最有影响力的当数象征派。它的主要特点可以归纳为:内容神秘、象征性和广泛的艺术感染力。

象征派诗人包括:勃留索夫、梅列日科夫斯基、吉皮乌斯、勃洛克、别雷等。他们宣扬对美的崇拜和诗人表现自我的自由权利。他们的作品表达了同时代人的哲学探索。

阿克梅派(高峰派)诗人包括:古米廖夫、阿赫马托娃、曼德尔施塔姆等。他们宣传“愉快地享受生活”。

未来派诗人包括:马雅可夫斯基、谢维里亚宁、帕斯捷尔纳克等。他们称自己是来自未来的人,在创作中不受任何规矩的制约和限制。

知识链接

阿克梅派是20世纪初俄国的一个现代主义诗歌流派。代表人物有古米廖夫、戈罗杰茨基、阿赫马托娃等。阿克梅派企图革新美学与俄罗斯象征派诗学,追求雕塑式的艺术形象和预言式的诗歌语言,反对迷恋于神秘的“来世”,反对热衷于使用隐喻和象征手法,提倡“返回”人世,“返回”物质世界,赋予诗歌语言以明确的含义。阿克梅派公开宣扬“为艺术而艺术”的创作原则,拒绝对现存的社会进行批评,主张通过对人的意志、本能的启迪使人逐渐“完善”。

帕斯捷尔纳克(1890—1960),苏联作家、诗人、翻译家。主要作品有诗集《云雾中的双子座星》《生活是我的姐妹》,长篇小说《日瓦戈医生》等。他于1958年获诺贝尔文学奖。1960年5月30日,他在莫斯科郊外彼列杰尔金诺寓所中逝世。

4.5.2 А. М. Горький (1868-1936)
高尔基(1868—1936)

Текст

В романе «Мать» (1906 г.) Горький проявил себя как представитель нового творческого метода, который позднее получил название социалистического реализма. Самые известные пьесы: «Мещане» «На дне». Повести: «Детство» «В людях» «Мои университеты». Эпопея: «Жизнь Клима Самгина».

Новые слова и выражения

эпопéя 史诗

高尔基在长篇小说《母亲》(1906 年)中采用了一种全新的创作方法，这种方法后来被称为社会主义现实主义。最著名的作品有：剧本《小市民》《底层》；中篇小说《童年》《在人间》《我的大学》；长篇史诗《克里姆·萨姆金的一生》。

知识链接

马克西姆·高尔基是苏联著名作家。早年写有《伊则吉尔老婆子》《鹰之歌》，长篇小说《福玛·高尔杰耶夫》，戏剧代表作《底层》。《童年》《在人间》《我的大学》是其自传体三部曲。

4.5.3 И. А. Бунин (1870–1953)
布宁(1870—1953)

Текст

И. А. Бунин — первый русский писатель-лауреат Нобелевской премии. В 1910 году он публикует повесть «Деревня», где описывает отсталость русской деревни и упадок дворянства. Наиболее значительные произведения: «Господин из Сан-Франциско», «Митина любовь», «Жизнь Арсеньева». «Жизнь Арсеньева» — автобиографический роман, за который Бунин первым из русских писателей был удостоен Нобелевской премии.

«Тёмные аллеи» — сборник рассказов о любви. Любовь в произведениях Бунина мимолётна, но всё равно прекрасна.

Новые слова и выражения

лауреа́т 获得者
опи́сывать 描述，描写
упа́док 衰落，衰败
дворя́нство 贵族，贵族阶层
мимолётный 短暂的，瞬息即逝的

布宁是俄罗斯第一位诺贝尔文学奖获得者。1910年，他出版了中篇小说《乡村》，其中描述了俄罗斯农村的落后和贵族的衰落。布宁最著名的作品有：《旧金山来的绅士》《米佳的爱情》《阿尔谢尼耶夫的一生》。《阿尔谢尼耶夫的一生》是自传体小说，正因为该部作品，布宁成为俄罗斯第一位获得诺贝尔文学奖的作家。

《幽暗的林荫道》是一部爱情短篇小说集。布宁作品中的爱情总是短暂但美好的。

4.6 ЛИТЕРАТУРНЫЙ ПРОЦЕСС 20-Х ГОДОВ XX ВЕКА
20世纪20年代文学发展

Текст

В начале 20-х годов XX века из России эмигрировали некоторые писатели, поэтому всё наследие писателей этого периода можно разделить на отечественную литературу и эмигрантскую литературу.

Для творчества этого периода характерны гротеск, гипербола, фантастика, так как действительность начала 20-х годов представлялась людям ирреальной.

С. А. Есенин（1895–1925）— За свою короткую жизнь выпустил около 30 сборников стихов. На его стихи написано много песен, их начинают читать в детстве и не расстаются с ними потом всю жизнь. Главные темы: Родина, природа, любовь. Сборник стихотворений «Москва кабацкая», сборник стихотворений «Персидские мотивы», поэма «Анна Снегина».

В. В. Маяковский（1893–1930）— один из поэтов-футуристов. Искренне верил в то, что революция несёт России благо. Автор больших поэм «Владимир Ильич Ленин», «Хорошо!» и «Стихи о советском паспорте». Поэт и художник, Маяковский боролся стихами и картинами против советского застоя, бюрократии и мещанства. Оригинальные по форме, искренние стихи Маяковского были очень популярны в Советском Союзе. У Маяковского есть также необыкновенно сильные стихи о любви (поэмы «Облако в штанах»). Пьесы: «Баня» и «Клоп».

А. А. Ахматова (1889 – 1966) Тематика её стихов разнообразна. Ею написаны одни из лучших в русской литературе стихов о любви. Кроме этого в её поэзии звучат темы одиночества и призвания поэта, воспоминания и прощания. Мысли о трагедии России принимают религиозный оттенок. Она никогда не покидала Россию. Её лучшее произведение — поэма «Реквием».

М. И. Цветаева (1892–1941) начала печататься в 16 лет. До революции в России вышли три книги её стихов: «Поэма горы», «Поэма Конца», «Стихи к Чехии». В 1925 г. эмигрировала во Францию вместе с мужем. Позже она вернулась в Россию и до конца своей жизни жила в бедности в городе на Урале, но продолжала писать стихи.

М. А. Булгаков (1891 – 1940) — врач, журналист, драматург. Главные произведения — «Мастер и Маргарита» и «Собачье сердце». О том, что происходит с миром, из которого люди изгнали духовность. Например, научно-фантастическая повесть «Собачье сердце», написанная в 1925 году, была опубликована только в 1987 году. Оба произведения экранизированы.

Новые слова и выражения

эмигри́ровать 迁居外国
гроте́ск 荒诞
гипе́рбола 夸张
фанта́стика 幻想
ирреа́льный 不现实的,虚幻的
вы́пустить 出版
бла́го 益处,利益
засто́й 停滞,萧条,不景气
бюрокра́тия 官僚制度
меща́нство 小市民,市侩习气
оригина́льный 原来的,真正的,独创的

在20世纪20年代初,一些作家从俄罗斯移民,因此这一时期作家的文学作品可以分为本土文学和侨民文学。

这一时期文学作品的特点是怪诞、夸张和幻想，因为20年代初期的现实对人们来说似乎并不真实。

叶赛宁(1895—1925)在短暂的一生中出版了约30本诗集。他的许多诗都被创作成歌曲，这些诗歌从人们儿时起就被诵读，伴随着俄罗斯人的一生。叶赛宁诗歌的主题是：祖国、自然、爱情。代表作有：组诗《莫斯科酒馆之音》、组诗《波斯抒情》、长诗《安娜·斯涅金娜》。

马雅可夫斯基(1893—1930)是未来派诗人。他坚信革命能够为俄罗斯带来益处。他创作了长诗《列宁》《好!》和《苏联护照》。作为一名诗人和画家，马雅可夫斯基用诗歌和绘画讽刺苏联时期的萧条、官僚主义和庸俗主义。马雅可夫斯基原创而真诚的诗歌在苏联深受欢迎。马雅可夫斯基还创作了爱情长诗《穿裤子的云》，以及剧本《澡堂》《臭虫》。

阿赫马托娃(1889—1966)她的诗歌主题多种多样，尤以爱情诗成就最高。此外，她的诗歌还表达了诗人的孤独和志向、回忆和告别等主题。对于俄罗斯悲剧的看法具有宗教色彩。她从未离开过俄罗斯。她最好的作品是长诗《安魂曲》。

茨维塔耶娃(1892—1941)16岁开始发表文章。革命前，她的三本诗集《山之歌》《终结之歌》《致捷克》在俄罗斯出版。1925年，她与丈夫移居法国。后来她回到俄罗斯，直至去世前一直在乌拉尔的一个城镇过着贫困的生活，但依旧进行诗歌创作。

布尔加科夫(1891—1940)是医生、记者和剧作家。主要作品有《大师和玛格丽特》与《狗心》。这些作品讲的是人们在无精神的世界里发生了什么。例如，1925年创作的科幻小说《狗心》直到1987年才得以出版。这两部作品均已搬上银屏。

4.7 ЛИТЕРАТУРНЫЙ ПРОЦЕСС 30–50-Х ГОДОВ XX ВЕКА

20世纪30—50年代文学发展

Текст

С начала 30-х годов, особенно после съезда писателей, всё отчётливее проступала тенденция приведения литературы к эстетическому шаблону, который выразился в методе социалистического реализма.

Традиции русской классической литературы продолжали писатели зарубежья и «андеграунда». Из России уехали писатели и поэты: И. Бунин, Л. Андреев, А. Аверченко, К. Бальмонт, А. Куприн, И. Северянин, И. Шмелёв и другие. Многие впоследствии вернулись в Россию.

В эти годы появляются такие произведения, как знаменитый роман Н. Островского «Как закалялась сталь», «Соть», «Русский лес» Л. Леонова и другие.

Новые слова и выражения

отчётливый 清楚的，清晰的，明确的

тенде́нция 趋势，倾向

эстети́ческий 美学的，审美的，美感的

шабло́н 模式

зарубе́жье 国外

андегра́унд 秘密文学

从30年代初开始，特别是在作家代表大会召开之后，文学趋向审美模式越来越明显，出现了社会主义现实主义文学。

侨民作家和"先锋派"作家继续创作俄罗斯古典文学。布宁、安德烈耶夫、阿韦尔琴科、巴尔蒙特、库普林、谢维里亚宁、什梅廖夫等作家和诗人出走国外，许多人后来又回到了俄罗斯。

这一时期出现了一批杰出作品，如奥斯特洛夫斯基的小说《钢铁是怎样炼成的》、列昂诺夫的《索溪》《俄罗斯森林》等作品。

4.8 ВОЕННАЯ ПРОЗА И ПОЭЗИЯ

战时散文与诗歌

Текст

Великая Отечественная война выдвинула на первый план героизм в русской отечественной литературе. Появилась фронтовая любовная лирика (песня А. Суркова «Землянка», песни М. Исаковского «Катюша» и «Ой, цветёт калина», «Жди меня» К. Симонова), новые образы героев — простых русских солдат.

Таким героем стал, например, Василий Тёркин из «Книги про бойца» А. Т. Твардовского. Суровая правда войны с её кровью и грязью, семейной трагедией, страх смерти, героизм военных начальников, в то же время эгоизм и трусость некоторых людей, стали темами произведений.

Военная проза в Советском Союзе необъятна: с 1945 по 1985 г. вышло свыше 20 000 произведений, посвящённых военной теме. Наиболее известные писатели: В. Некрасов «В окопах Сталинграда», Г. Бакланов «Пядь земли», Ю. Бондарев «Горячий снег», В. Быков «Обелиск», М. Шолохов «Судьба человека», «Тихий Дон», К. Симонов «Живые и мёртвые» и в настоящее время продолжают появляться всё новые и новые произведения военной тематики.

Новые слова и выражения

необъя́тный 极大的，无限的

伟大的卫国战争将俄罗斯本土文学的英雄主义提到首位。这一时期也出现了前线爱情诗歌（苏尔科夫创作的歌曲《同乡》、伊萨科夫斯基的歌曲《喀秋莎》和《红莓花儿开》、西蒙诺夫的《等着我吧》）。新的主人公形象变成俄罗斯普通战士。

例如，特瓦尔多夫斯基《前线纪实》当中的瓦西里·焦尔金就是这样的英雄。战争的残酷无情与肮脏血腥、家庭的悲剧、死亡的恐惧、军官的英雄主义，以及战时一些人的自私与怯懦都成为作品的主题。

苏联时期的战争题材散文数量众多：从 1945 年到 1985 年出版了两万多部战争题材作品。最著名的作家及作品有：涅克拉索夫《在斯大林格勒战壕里》、巴克兰诺夫《一寸土》、邦达列夫《热的雪》、贝科夫《方尖碑》、肖洛霍夫《一个人的命运》和《静静的顿河》、西蒙诺夫《生者与死者》等。现如今越来越多的战争题材新作不断涌现。

4.9 ЛИТЕРАТУРНЫЙ ПРОЦЕСС 60-Х ГОДОВ XX ВЕКА
20 世纪 60 年代文学发展

Текст

60-е годы в Советском Союзе получили название «оттепель». Широкое распространение получила в эти годы социально-аналитическая проза, так называемая «деревенская» проза. Характер русского человека в его многообразных и подчас неожиданных проявлениях привлекает внимание в произведениях В. Шукшина. Его герои остро реагируют на зло и несправедливость, живут по нравственным законам. Нравственным проблемам верны и писатели В. Распутин и В. Астафьев.

А. И. Солженицын (1918–2008) — один из русских нобелевских лауреатов-литераторов. В 1962 году опубликовал повесть «Один день Ивана Денисовича».

Новые слова и выражения

о́ттепель 解冻

распростране́ние 传播

подча́с 有时，时而

реаги́ровать 对待，采取……态度

несправедли́вость 不公平，不公正

нра́вственный 精神上的

60 年代在苏联被称为“解冻”时期。这一时期社会分析题材散文，即“农村题材”散文，占有重要地位。舒克申笔下的俄罗斯人以其多样化的，有时意想不到的行为吸引了人们的注意。他的主人公遵守道德，对邪恶和不公极其反感。作家拉斯普京和阿斯塔菲耶夫也忠于道德问题。

索尔仁尼琴（1918—2008）是诺贝尔文学奖获得者。1962 年发表中篇小说《伊凡 · 杰尼索维奇的一天》。

4.10 СОВРЕМЕННАЯ ЛИТЕРАТУРНАЯ СИТУАЦИЯ

现代文学现状

Текст

Появились новые острые произведения уже в 1986 г: «Пожар» В. Распутина, «Плаха», «И дольше века длится день» Ч. Айтматова, «Печальный детектив» В. Астафьева.

Позднее, в конце 80-х – начале 90-х литература стала ориентироваться не столько на идеологические, сколько на изобразительные цели, на исследование социально-психологических и нравственных ориентиров современной жизни.

Основные направления литературы последних десятилетий: постмодернизм, реализм, неосентиментализм. Отечественная русская литература успешно продолжает развиваться. В. В. Путин объявил 2015 год — годом литературы. В России установлены литературные премии разных уровней, которые присуждаются лучшим произведениям.

Новые слова и выражения

ориенти́роваться 以……为目标，面向

идеологи́ческий 意识形态的，思想体系的

изобрази́тельный 形象的，有表现力的

постмодерни́зм 后现代主义，后现代派

неосентиментали́зм 新感伤主义

1986年已经出现了新的讽刺性作品：拉斯普京的《失火记》、艾特玛托夫的《断头台》和《一日长于百年》，以及阿斯塔菲耶夫的《悲伤的侦探》。

在20世纪80年代末到90年代初，文学不再关注意识形态，而是侧重造型目标，开始研究现代生活的社会心理和道德准则。

近几十年来文学的主要流派是后现代主义、现实主义和新感伤主义。俄罗斯本土文学顺利发展。弗拉基米尔·普京宣布2015年为文学年。在俄罗斯设置了不同级别的文学奖项，颁发给最好的作品。

知识链接

俄罗斯诺贝尔文学奖获得者及代表作品

（一）1933年　伊万·阿列克谢耶维奇·布宁，俄国作家。代表作品：《阿尔谢尼耶夫的一生》。获奖理由：他严谨的艺术才能，使俄罗斯古典传统在散文中得到继承。

（二）1958年　鲍里斯·列昂尼多维奇·帕斯捷尔纳克，苏联诗人、小说家。代表作品：《日瓦戈医生》。获奖理由：在当代抒情诗和俄国的史诗传统上，他都获得了极为重大的成就。

（三）1965年　米哈伊尔·亚历山大罗维奇·肖洛霍夫，苏联作家。代表作品：《静静的顿河》。获奖理由：这位作家在这部关于顿河流域农村之史诗作品中所流露的活力与艺术热忱，同时也描绘了俄罗斯民族生活的某一历史层面。

（四）1970年　亚历山大·索尔仁尼琴，俄罗斯作家。代表作品：《癌病房》。获奖理由：在他的作品中充满着道德的力量，他继承了俄国文学不可或缺的传统。

（五）1987年　约瑟夫·布罗茨基，苏裔美籍诗人。代表作品：《从彼得堡到斯德哥尔摩》。获奖理由：他的作品超越时空限制，无论在文学上或是敏感问题方面都充分显示出他广阔的思想及浓郁的诗意。

Упражнения и задания

Ответьте на вопросы.

1) Каких поэтов-символистов вы знаете?

2) Каких поэтов-акмеистов вы знаете?

3) Каких поэтов-футуристов вы знаете?

4) Какова ведущая тема в творчестве А. М. Горького в 1920–1930-е годы?

5) Какие произведения А. М. Горького вы знаете?

6) Кто первый русский писатель-лауреат Нобелевской премии ?

7) Какие произведения И. А. Бунина вы знаете?

8) Какие произведения В. В. Маяковского вы знаете?

9) Какие произведения М. Булгакова вы знаете?

10) Какие произведения Н. Островского вы знаете?

11) Какие произведения Л. Леонова вы знаете?

12) Какие произведения А. Т. Твардовского вы знаете?

13) Какие произведения М. Шолохова вы знаете?

14) Какие произведения А. И. Солженицына вы знаете?

15) Какие произведения В. Шукшина вы знаете?

Контрольная работа

1. В течение многих веков единственной формой словесного художественного творчества был ____________.

2. Устная поэзия имела много жанров: ____________.

3. Русские народные сказки учат, что только ____________ может добиться успеха, а ____________ обязательно будет наказан.

4. Герои былин помогают ____________, защищают от врагов родную землю.

5. Самые известные герои былин: ____________.

6. В середине XI века при князе Ярославе Мудром на Руси появились первые письменные произведения словесного творчества — ____________.

7. Самая древняя книга, которая сохранилась до наших дней — летопись ____________. В ней можно прочитать о происхождении Руси, о князьях.

8. Самый известный памятник древней русской литературы — ____________.

9. В XVIII веке главным направлением в русской литературе, как и литературах всей Европы, становится ____________.

10. Самый известный поэт XVIII века в России — ____________ был также великим учёным. Создание в России первого университета — его заслуга.

11. ____________ — это создатель психологической повести, одним из ярких представителей этого направления является творчество, например, ____________________.

12. ____________ — крупнейший представитель русского романтизма. Известнейшие его произведения — баллады «Людмила», «Светлана» и интимная лирика.

13. А. С. Грибоедов вошёл в историю русской литературы как автор знаменитой комедии в стихах «____________». Главное содержание комедии — борьба нового со старым в обществе.

14. ____________ — знаменитый русский баснописец. Это воистину народный поэт. Его басни знает всякий русский человек, слова его басен стали пословицами и поговорками.

15. ____________ — величайший русский поэт, «солнце русской поэзии».

16. «Кавказский пленник» — первая русская ____________ поэма.

17. «Евгений Онегин» называют «____________».

18. Образ Онегина — тип ____________ в русской литературе.

19. М. Ю. Лермонтов отозвался на гибель А. С. Пушкина стихотворением «____________».

20. Больших успехов достиг Лермонтов в области прозы. Подлинным шедевром является его роман «____________». Это первый в России опыт ____________ и философского романа. Главный герой ____________ — сильная, волевая натура, жаждущая деятельности.

21. Поздние произведения Гоголя посвящены теме судьбы «маленького человека». Наиболее известна его повесть «____________», в которой Гололь протестует против унижения человеческого достоинства и его пагубного влияния на личность.

22. Главное произведение Гоголя «____________» достигает ещё большей силы в изображении пороков русской жизни, их обличении в царской России.

23. Главное литературное наследие Тургенева «____________».

24. В первом произведении Ф. М. Достоевского, повести «____________», всё соответствовало духу этой школы, и название произведения, и образы героев, и пафос отстаивания человеческих прав.

25. Трилогия «____________», «____________», «____________», открывающая творчество Л. Н. Толстого, захватывает читателя глубоким психологизмом, умением писателя воспроизводить «диалектику души».

26. В основе романа «____________» лежит «мысль семейная». Это самый яркий роман в мировой литературе о судьбе женщины в семье, о женской эмансипации.

27. Широко известны пьесы А. П. Чехова: ________________________________.

28. Поэты-акмеисты (акмэ-вершина): ________________________________.

29. Поэты-футуристы: ____.

30. В романе «__________» Горький проявил себя как представитель нового творческого метода, который позднее получил название социалистического реализма.

31. Первый русский писатель-лауреат Нобелевской премии — __________.

32. Булгаков — врач, журналист, драматург. Главные произведения — романы «__________», «__________».

33. 60-е годы XX века в Советском Союзе получили название __________.

34. Произведение «__________» Солженицына — обширный опыт художественного исследования целого мира концентрационных лагерей в СССР.

35. В. В. Путин объявил 2015 год — годом __________. В России установлены литературные премии разных уровней, которые присуждаются лучшим произведениям.

4

РАЗДЕЛ 5 ЭКОНОМИКА РОССИИ
第五单元 俄罗斯经济

5.1 ЭКОНОМИЧЕСКАЯ ХАРАКТЕРИСТИКА РОССИИ
俄罗斯的经济特点

Текст

Экономика России получает прибыль из разных секторов. В сельскохозяйственном секторе основными продуктами страны являются такие культуры, как семена подсолнуха, сахарная свёкла, и зерно. Промышленный сектор страны гораздо более прогрессивный, чем сельскохозяйственный, так как в стране есть различные типы производств, основными из которых являются: добыча угля и металлов, нефтяная и химическая отрасли, машиностроение, кораблестроение, производство самолётов и космических аппаратов, текстильная отрасль, пищевая промышленность, производство транспортного оборудования, военных устройств, медицинских инструментов, электроники, и сельскохозяйственной техники. В результате этого, осуществляется экспорт из страны в больших количествах и в разных направлениях. Экспортными товарами, приносящими больше всего дохода, являются: нефтяные продукты и субпродукты, природный газ, древесина и изделия из древесины, металлы, химикаты, и военные устройства. А для импорта в страну, в России существует большая степень зависимости от поставок зерна, сахара, чая, кофе, мяса, масла, медикаментов и товаров широкого потребления. Импортируются машины и оборудование.

По итогам 2021 г. экспорт российской экономики составил 550 млрд долл. США, что соответствует 31% ВВП. В 2022 г. наиболее приоритетным направлением является развитие внешнеэкономических связей России со странами Евразийского экономического союза (ЕАЭС), который начал функционировать с 1 января 2015 г.

Кроме того, стратегически важным направлением развития внешнеэкономических отношений традиционно остаётся пространство, в частности государства СНГ, с которыми в

2011 г. было подписано обновлённое соглашение о зоне свободной торговли. Помимо стран, входящих в вышеуказанные интеграционные объединения, Россия, как член ЕАЭС, осуществляет свободную торговлю с Вьетнамом, Ираном, Сербией и Сингапуром, поскольку между ними и Союзом подписаны соответствующие торговые соглашения. Россия осуществляет взаимное торгово-экономическое сотрудничество с Китаем. В 2022 году объём двусторонней торговли между Китаем и Россией достиг рекордных 190,271 млрд долларов США, увеличившись в годовом исчислении на 29,3%, и Китай уже 13 лет подряд является крупнейшим торговым партнёром России. Китайско-российское торгово-экономическое сотрудничество поступательно развивается, в энергетике, инвестициях, взаимосвязанности и других областях достигнуты новые успехи, что придало импульс общему развитию двух стран.

Оборот внешней торговли России за январь – сентябрь 2023 года составил 530,2 млрд долларов, что на 16% меньше, чем годом ранее, сообщила ФТС (федеральная таможенная службы). Снизился экспорт, а импорт вырос. На торговлю с Азией теперь приходится почти 70%.

Новые слова и выражения

при́быль 利润
се́ктор 部门；成分
сельскохозя́йственный 农业的
культу́ры 作物，农作物
подсо́лнух 向日葵
свёкла 甜菜
зерно́ 谷物，粮食
прогресси́вный 进步的，先进的
тексти́льная о́трасль 纺织品领域
э́кспорт 出口
дохо́д 收入，收益
субпроду́кт 屠宰副产品
древеси́на 木材，材料
химика́ты 化学制品，化学制剂
и́мпорт 进口
поста́вка 提供，供给
медикаме́нты 药物
обору́дование 设备，装备
приорите́тный 主要的，优先的
ЕАЭС 欧亚经济联盟
функциони́ровать 发挥职能，起作用
стратеги́чески 战略上
обновлённый 更新的，焕然一新的
интеграцио́нный 一体化的
Вьетна́м 越南
Ира́н 伊朗
Се́рбия 塞尔维亚
Сингапу́р 新加坡
реко́рдный 打破纪录的，最高的
исчисле́ние 计算
инвести́ция 投资
и́мпульс 脉动，动机
ФТС 联邦海关局
приходи́ться — прийти́сь 该得到……，占得……

俄罗斯财政收入来源多样。农业的主要产品是葵花籽、甜菜和谷物。工业比农业更为发达,工业类型丰富多样,主要有:煤炭和金属开采、石油和化学工业、机械制造、造船、飞机和航天器制造、纺织工业、食品工业、运输设备制造、军事装备制造、医疗器械制造、电子工业制造,以及农业设备制造。因此,大量工业产品出口其他各国。石油产品和副产品、天然气、木材及其制品、金属、化学品和军事装备是主要出口产品,收益最多。而俄罗斯进口产品主要有粮食、糖、茶、咖啡、肉类、油、药品、消费品,以及机械和设备。

据2021年数据显示,俄罗斯经济出口额为5 500亿美元,相当于国内生产总值的31%。2022年,加强与欧亚经济联盟(2015年1月1日成立)国家的经济往来是俄罗斯对外经济最主要的发展方向。

此外,发展对外经济关系的战略性重要方向传统上仍然是与包括独联体国家在内的一些地区建立关系。2011年俄罗斯与独联体国家签订了新的自由贸易区协议。除上述一体化组织成员国外,俄罗斯作为欧亚经济联盟成员国,还与越南、伊朗、塞尔维亚和新加坡进行自由贸易,因为这些国家与欧亚经济联盟签署了相关贸易协定。俄罗斯与中国开展互惠贸易和经济合作。2022年,中俄双边贸易额达到创纪录的1 902.71亿美元,同比增长29.3%。中国连续13年成为俄罗斯第一大贸易伙伴国。中俄经贸合作稳步推进,在能源、投资、互联互通等领域取得了新成果,为两国共同发展提供了助力。

据联邦海关局报道,2023年1—9月俄罗斯对外贸易额为5 302亿美元,比上一年下降16%。出口减少,进口反而增加。当今,俄罗斯与亚洲的贸易几乎占总贸易额的70%。

5.2 СТРУКТУРА ЭКОНОМИКИ

经济结构

Текст

Отраслевая структура ВВП России (по данным за 2023 год)

Сельское хозяйство, лесное хозяйство, охота, рыболовство и рыбоводство — 3,7%

Добыча полезных ископаемых — 12,4%

Обрабатывающие производства — 13,7%

Обеспечение электрической энергией, газом и паром; кондиционирование воздуха — 2,2%

Водоснабжение; водоотведение, организация сбора и утилизации отходов, деятельность по ликвидации загрязнений — 0,4%

Строительство — 5,0%

Торговля оптовая и розничная; ремонт автотранспортных средств и мотоциклов — 13,4%

Транспортировка и хранение — 6,9%

Деятельность гостиниц и предприятий общественного питания — 0,9%

Деятельность в области информации и связи — 3,2%

Деятельность финансовая и страховая — 5,2%

Деятельность по операциям с недвижимым имуществом — 10,3%

Деятельность профессиональная, научная и техническая — 4,5%

Деятельность административная и сопутствующие дополнительные услуги — 2,3%

Государственное управление и обеспечение военной безопасности; социальное обеспечение — 7,8%

Образование — 3,0%

Деятельность в области здравоохранения и социальных услуг — 3,2%

Деятельность в области культуры, спорта, организации досуга и развлечений — 1,0%

Деятельность домашних хозяйств как работодателей; недифференцированная деятельность частных домашних хозяйств по производству товаров и оказанию услуг для собственного потребления — 0,4%

Предоставление прочих видов услуг — 0,5%

Новые слова и выражения

ВВП (вну́тренний вало́вой проду́кт) 国内生产总值

рыболо́вство 捕鱼业

рыбово́дство 鱼类养殖

кондициони́рование 调节,改善

транспортиро́вка 运输,运送

администрати́вный 行政的,管理的

недифференци́рованный 无差别的

про́чий 其他的,别的

俄罗斯国内生产总值各行业结构如下(2023 年数据):

农业、林业、狩猎、捕鱼业和水产养殖业:3.7%

采矿业:12.4%

加工制造业:13.7%

电力、燃气和蒸汽供应;空气调节:2.2%

供水;排水、废物收集与处理、污染控制:0.4%

建筑业:5.0%

批发和零售贸易;机动车修理:13.4%

运输和仓储:6.9%

酒店和餐饮服务:0.9%

信息和通信:3.2%

金融和保险:5.2%
房地产交易:10.3%
职业、科学和技术活动:4.5%
行政及增值服务:2.3%
国家管理和军事安全;社会保障:7.8%
教育:3.0%
卫生和社会服务:3.2%
文化、体育、娱乐和休闲:1.0%
家庭作为雇主的活动;家政服务;个性化服务:0.4%
其他服务:0.5%

5.3 ЭКОНОМИЧЕСКИЕ ПОКАЗАТЕЛИ
经济指标

Текст

· ВВП на душу населения: около 13 тысяч долларов (2023 г.)

· Рост ВВП: 3,6% (2023 г.)

· Импорт товаров в Россию: 213,3 млрд. долларов (2023 г.)

· Экспорт товаров из России: 316,9 млрд. долларов (2023 г.)

· Потребительская инфляция в России: 7,42% (2023 г.)

· Безработица: 3,2 % (декабрь 2023 г.)

· По данным ЦБ, объём прямых иностранных инвестиций (ПИИ) в РФ составляет 402 млрд. долларов (март 2023 года)

Новые слова и выражения

на ду́шу населе́ния 人均(平均人口)

инфля́ция 通货膨胀

ЦБ (Центра́льный банк) 中央银行

ПИИ (прямы́е иностра́нные инвести́ции) 外国直接投资

- 人均国内生产总值:约为 13 000 美元(2023 年)
- 国内生产总值同比增长:3.6%(2023 年)

- 俄罗斯商品进口:2 133 亿美元(2023 年)
- 俄罗斯商品出口:3 169 亿美元(2023 年)
- 俄罗斯消费通货膨胀率:7.42%(2023 年)
- 失业率:3.2%(2023 年 12 月)
- 据央行的数据,俄罗斯外国直接投资额为 4 020 亿美元(2023 年 3 月)

5.4 ЭКОНОМИЧЕСКОЕ ДЕЛЕНИЕ
经济划分

Текст

Законодательно закреплено только административное деление на федеральные округа. Дальний Восток выделяется добычей золота, алмазов, рыбы и морепродуктов. В Северном районе к основным отраслям относятся добыча угля, нефти, газа, апатитов, никеля и других металлов, а также заготовка леса и добыча рыбы. Северо-Западный, Центральный, Волго-Вятский, Уральский и Поволжский районы выделяются развитым машиностроением, химической, лёгкой, пищевой промышленностью, энергетикой и сферой услуг. Центрально-Чернозёмный район и Северный Кавказ имеют развитое сельское хозяйство и пищевую промышленность.

Новые слова и выражения

законода́тельно 立法地

закреплено́ (закрепи́ть) 被固定

загото́вка 采伐

сфе́ра 范围,领域

развито́й 高度发展的,发达的

只有对联邦管区的行政划分是被法律固定下来的。远东经济区主要开采黄金和钻石、发展渔业和海鲜业。北方经济区主要开采煤炭、石油、天然气、磷灰石、镍和其他金属,以及发展林业和渔业。西北经济区、中央经济区、伏尔加-维亚特卡经济区、乌拉尔经济区和伏尔加河沿岸经济区机械制造业、化工业、轻工业、食品工业、能源和服务业发达。中央黑土经济区和北高加索经济区主要发展农业和食品工业。

5.5 СОВРЕМЕННАЯ ЭКОНОМИЧЕСКАЯ СИТУАЦИЯ
当代经济现状

Текст

В. В. Путин борется с явлениями теневой экономики и старается модернизировать страну. Он упростил оплату налогов, ввёл свободную куплю и продажу земли, сократил число министерств и чиновников. Крупнейшие предприятия (Газпром) находятся в руках государства.

Россия входит в группу стран Большой двадцатки и является членом ряда международных экономических организаций: Всемирной торговой организации (ВТО), Евразийского экономического союза (ЕАЭС), Азиатско-Тихоокеанского экономического сотрудничества (АТЭС). Также Россия является полноправным участником МВФ, БРИКС, Центра международного промышленного сотрудничества ЮНИДО, Шанхайской организации сотрудничества (ШОС) и др.

Согласно классификации Международного валютного фонда (МВФ), по уровню ВВП на душу населения Россия относится к группе развивающихся стран с формирующимися рынками. По оценкам Всемирного банка, по уровню ВВП на душу населения по паритету покупательной способности (ППС) в 2021 г. Россия занимала 51-е место в мире (32 863 долл. США), а по величине ВВП по ППС по итогам 2021 г. Россия занимала 6-е место в мире и 3-е среди развивающихся стран (4,79 трлн долл.). Доля России в мировом ВВП (по ППС) по итогам 2021 г. составляла 3,27%.

В начале 2023 года, экономика России переживает период относительно стабильного роста после снижения ВВП, вызванного пандемией COVID-19 (коронавирусная инфекция) и нефтяным кризисом. Рост ВВП в основном обеспечивается нефтяным сектором и ценами на энергоносители. Однако, снижение мировых цен на нефть и санкции со стороны Запада могут повлиять на устойчивость этого роста.

Геополитические события и международные отношения продолжают оказывать влияние на экономику России. Санкции и торговые ограничения со стороны западных стран оказывают негативное воздействие на российский экспорт и доступ к финансовым ресурсам. Россия активно ищет новые рынки и партнёров для развития внешнеэкономических связей.

В 2023 году российская экономика показала высокие темпы роста — предварительно +3,5%. Однако стоит учесть восстановительный характер роста после падения 2022 года. При этом, по прогнозу Минэкономразвития, в 2024 году рост ВВП в базовом варианте составит +2,3%, а в консервативном — +1,4%.

Новые слова и выражения

теневáя экономика 影子经济

модернизи́ровать 使……现代化

упрости́ть 简化

налóг 税

сократи́ть 缩减

чинóвник 官员

Газпрóм 俄罗斯天然气工业股份公司

ВТО（Всеми́рная торгóвая организáция）世界贸易组织

АТЭС（Азиатско-Тихоокеáнское экономи́ческое сотрýдничество）亚太经济合作组织

МВФ（Международный валю́тный фóнд）国际货币基金组织

БРИКС 金砖国家

ЮНИДО 联合国工业发展组织

ШОС 上海合作组织

ППС（паритéт покупáтельной спосóбности）购买力平价

пандеми́я COVID-19 新冠疫情

сáнкция 制裁

устóйчивость 稳定性

геополити́ческий 地缘政治的

негати́вный 否定的，消极的

предвари́тельно 预先

восстанови́тельный 恢复的，翻新的，重建的

прогнóз 预测

Минэкономразви́тия 经济发展部

вариáнт 方案，方法，种类

консервати́вный 保守的

俄罗斯总统普京打击影子经济并试图使国家现代化。他简化纳税，允许自由买卖土地，裁减政府部门和官员数量。规模最大的企业（俄罗斯天然气工业股份公司）也掌握在国家的手里。

俄罗斯是二十国集团成员，也是世界贸易组织、欧亚经济联盟和亚太经济合作组织等多个国际经济组织的成员。同时也是国际货币基金组织、金砖国家、联合国工业发展组织国际工业合作中心、上海合作组织等的正式成员国。

根据国际货币基金组织的分类，按照人均国内生产总值水平来看，俄罗斯属于新兴市场发展中国家。根据世界银行评估，按照购买力平价计算的人均国内生产总值水平来看，2021 年俄罗斯在全球排名第 51 位（32 863 美元），而按照购买力平价计算的国内生产总值数值排名来看，2021 年俄罗斯在世界排名第 6 位，在发展中国家中排名第 3 位（4. 79 万亿美元）。2021 年俄罗斯在全球国内生产总值中的份额占 3. 27%（按照购买力平价计算）。

经历过新冠疫情和石油危机导致的国内生产总值下降以后，2023 年初俄罗斯经济处在一个相对稳定的增长时期。国内生产总值的增长主要依靠石油部门和能源价格的推动。然而，全球油价下跌和西方制裁可能会影响其稳定增长。

地缘政治事件和国际关系继续对俄罗斯经济产生影响。西方国家的制裁和贸易限制对俄罗斯出口和获得金融资源产生了负面影响。为了发展对外经济关系，俄罗斯正在积极寻求新的市场和合作伙伴。

2023 年俄罗斯经济呈现高增长率，预测增长 3.5%。然而，增长率继 2022 年下降后又回升的特点值得注意。因此，据经济发展部的预测，2024 年俄罗斯国内生产总值基本上将增长 2.3%，而保守估计将增长 1.4%。

Упражнения и задания

Ответьте на вопросы.

1) Какие культуры являются основными продуктами России в сельскохозяйственном секторе?

2) Какие основные типы производств существуются в промышленном секторе?

3) В каких направлениях осуществляется экспорт из России?

4) В каких направлениях осуществляется импорт в Россию?

5) Какое направление развития внешнеэкономических отношений Россия считает стратегически важным?

6) В каких областях развивается торгово-экономическое сотрудничество России и Китая?

7) В какие международные экономические организации входит Россия?

8) Расскажите коротко об экономическом делении России.

9) Что продолжает оказывать влияние на экономику России в 2020-е гг.?

10) Какой темп роста показала российская экономика в 2023-м г.?

知识链接

俄罗斯经济概览

【工业】俄工业部门齐全，以机械、钢铁、有色金属、石油、天然气、煤炭、森林及化工等重工业为主。军事工业是俄罗斯机械工业的支柱产业。由于拥有丰富的原料，再加上多年的产业政策倾斜，俄罗斯的重工业非常发达。

【农牧业】俄农牧业并重，主要农作物有小麦、大麦、燕麦、玉米、水稻和豆类等。俄罗斯是世界主要粮食出口国，2022 年俄罗斯收获超 1.5 亿吨粮食，创历史最高值。2023 年俄罗斯小麦出口量居全球第一。经济作物以亚麻、向日葵和甜菜为主。畜牧业主要包括养牛业、养猪业、养羊业、养禽业等。

【旅游业】俄罗斯地域广阔，有着丰富的自然资源。这些自然资源构成俄罗斯旅游资源的主要部分。除此之外，俄罗斯很多独特而著名的建筑同样吸引了众多的游客。主要旅游点有：莫斯科、圣彼得堡、黑海疗养地、伏尔加河沿岸城市和滨海边疆区。重点发展的旅游类型有：文教旅游、主题游、生态游、商务游、水上游、朝圣游、滑雪游、疗养游及保健游。2023 年约有 60 万名外国游客前往俄罗斯旅游。

【对外贸易】俄主要出口商品是石油和天然气等能源产品、金属及其制品、化工产品、机械设备和交通工具、宝石及其制品、木材及纸浆等；主要进口商品是机械设备和交通工具、食品和农业原料产品、化工产品、金属及其制品、纺织服装类商品等。俄罗斯对外贸易的主要对象国是原苏联各加盟共和国和东欧各国。俄与友好国家的贸易额获得增长。俄罗斯继续扩大与欧亚经济联盟、独立国家联合体、金砖国家和上海合作组织的合作，并计划深化与其他建设性组织的对话。近年来，中俄关系始终保持健康发展势头。中俄互为最大邻国，同为新兴市场国家，合作韧性强、潜力足、空间大。中俄地方合作热情不减，信息技术、跨境电商、数字经济、生物医药等新增长点不断涌现。

【主要工业区】

莫斯科工业区：俄罗斯工业最发达的地区，以汽车、飞机、火箭、钢铁、电子为主。

圣彼得堡工业区：以石油化工、造纸造船、航空航天、电子为主，是俄食品和纺织工业最发达的地区。

乌拉尔工业区：以石油、钢铁、机械为主。

新西伯利亚工业区：以煤炭、石油、天然气、钢铁、电力为主。

ЛИТЕРАТУРЫ
参考文献

[1] 安东诺娃等. 走遍俄罗斯[M]. 北京：外语教学与研究出版社，2007.

[2] 勃兰兑斯. 十九世纪文学主流（1—6 卷）[M]. 北京：人民文学出版社，1997.

[3] 曹靖华. 俄国文学史[M]. 北京：人民文学出版社，1989.

[4] 戴桂菊. 当代俄罗斯[M]. 北京：外语教学与研究出版社，2008.

[5] 戴桂菊. 俄罗斯文化[M]. 北京：外语教学与研究出版社，2010.

[6] 黄河. 俄罗斯经济在复苏中迎挑战[EB/OL].（2024-01-08）[2024-10-11]. http://www.news.cn/world/20240108/5960561bcd774876939d5aa1c62b84f4/c.html.

[7] 李向东，ПРИЛУЦКАЯ Я Н. 俄罗斯文化阅读[M]. 北京：北京大学出版社，2008.

[8] 李英男，戴桂菊. 俄罗斯地理[M]. 北京：外语教学与研究出版社，2005.

[9] 曲颂. 中俄经贸合作稳步推进[N/OL]. 人民日报，2023-03-19[2024-10-11]. http://world.people.com.cn/n1/2023/0319/c1002-32646843.html.

[10] 曲志坚. 俄罗斯概况[M]. 长春：东北师范大学出版社，2001.

[11] 任光宣，张建华，余一中. 俄罗斯文学史[M]. 北京：北京大学出版社，2003.

[12] 商务部外贸发展事务局. 俄罗斯贸易指南（2023 年）[R/OL].[2024-10-11]. https://www.tdb.org.cn/u/cms/www/202311/15205753buct.pdf.

[13] 商玉洁，赵永华，ШАНИН А С. 俄罗斯文化国情教程[M]. 北京：中国人民大学出版社，2002.

[14] 王仰正，赵爱国，周民权. 俄罗斯概况[M]. 上海：上海外语教育出版社，2006.

[15] 伍蠡甫. 欧洲文论简史[M]. 北京：人民文学出版社，1985.

[16] 张建华，任光宣，余一中. 俄罗斯文学选集[M]. 北京：外语教学与研究出版社，2001.

[17] 赵艳. 俄罗斯社会与文化[M]. 哈尔滨：黑龙江大学出版社，2009.

[18] 中华人民共和国外交部. 俄罗斯国家概况[EB/OL].（2024-07）[2024-10-11]. https://www.mfa.gov.cn/web/gjhdq_676201/gj_676203/oz_678770/1206_679110/1206x0_679112/.

[19] АНТОНОВ В Ф. Хрестоматия по истории СССР, 1861 - 1917 гг. [М]. Москва: Просвещение, 1990.

[20] АРСЛАНОВ Р А, БЛОХИН В В, ДЖАНГИРЯН В Г, и др. История отечества с древнейших времен до конца XX века: В 2-х ч. [М]. Москва: Уникум-центр,

ПОМАТУР, 2000.

[21] БАБИЧ И В, ЗАХАРОВ В Н, УКОЛОВА И Е. Хрестоматия по истории России: в 4 т. Т. 1. С древнейших времен до XVII века[M]. Москва: МИРОС-Междунар. Отношения, 1994.

[22] БАБИЧ И В, ЗАХАРОВ В Н, УКОЛОВА И Е. Хрестоматия по истории России: в 4 т. Т. 2 [M]. Москва: МИРОС-Междунар. отношения, 1995.

[23] БОХАНОВ А Н, ГОРИНОВ М М. История России с начала XVIII до конца XIX века [M]. Москва: АСТ, 2001.

[24] ВЕРТ Н. История Советского государства. 1990–1991[M]. Москва: Прогресс, Прогресс-Академия, 1992.

[25] ГОСУДАРСТВЕННАЯ ДУМА. Конституция РФ с изменениями 2022 года[Z/OL]. (2022-10-06)[2024-10-11]. http://duma.gov.ru/news/55446/.

[26] ЗУЕВ М Н, ЛАВРЕНОВ С Я. История России[M]. 5-е изд. Москва: Издательство Юрайт, 2023.

[27] КИСЕЛЕВ А Ф, ЩАГИН Э М. Хрестоматия по отечественной истории (1914–1945 гг.) [M]. Москва: Гуманитар. изд. центр “ВЛАДОС”, 1996.

[28] КИСЕЛЕВ А Ф, ЩАГИН Э М. Хрестоматия по отечественной истории (1946–1995 гг.) [M]. Москва: Гуманитар. изд. центр “ВЛАДОС”, 1996.

[29] КЛЮЧЕВСКИЙ В О. Краткое пособие по русской истории[M]. Москва: Прогресс-Пангея, 1992.

[30] КНЯЗЕВ Е А. История России. XX век[M]. Мокcва: Издательство Юрайт, 2020.

[31] КОЗЛОВ В А. История Отечества: люди, идеи, решения: Очерки истории Сов. государства[M]. Москва: Политиздат, 1991.

[32] Крупнейшие города России-2024: численность населения, места в рейтингах[EB/OL]. (2024-11-05)[2024-11-25]. https://ria.ru/20241105/goroda-1832007799.html.

[33] КУЗНЕЦОВ А Л, КОЖЕВНИКОВА М Н, ДМИТРОВА И И, и др. Из истории русской культуры[M]. 2-е изд. Москва: Русский язык. Курсы, 2009.

[34] КУЛЕШОВ С В, ВОЛОБУЕВ О В, ПИВОВАР Е И, и др. Наше отечество. Опыт политической истории: в 2 томах. Т. 1[M]. Москва: Изд. центр “Терра”, 1991.

[35] КУЧКИН В А. Русь под игом: как это было? [M]. Москва: Панорама, 1991.

[36] ЛИХАЧЕВА Д С, ТВОРОГОВА О В. Повесть временных лет[M]. Санкт-Петербург: Вита Нова, 2012.

[37] ЛЮТЫХ А А, СКОБЕЛКИН О В, ТОНКИХ В А. История России[M]. Воронеж: Информатор, 1993.

[38] МОРОЗОВА Л Е, ПЧЕЛОВ Е В. История России с древнейших времен до конца XVII века. Хрестоматия[M]. Москва: Вербум-М, 2003.

[39] НЕБЫКОВ И А и др. Хрестоматия по истории России с древнейших времен до конца

ⅩⅧ века[M]. Волгоград: Политехник, 1998.
[40] НЕБЫКОВ И А и др. Хрестоматия по истории России ⅩⅨ-начала ⅩⅩ столетий[M]. Волгоград: "Политехник" ВолгГТУ, 2000.
[41] ОРЛОВ А С, ГЕОРГИЕВ В А, ГЕОРГИЕВА Н Г, и др. История России[M]. 4-е изд. Москва: Проспект, 2018.
[42] ПАВЛЕНКО Н И, АНДРЕЕВ И Л, КОБРИН В Б, и др. История России с древнейших времен до 1861 года[M]. Москва: Высш. шк., 2001.
[43] ПАВЛЕНКО Н И. Петр Великий[M]. Москва: Мысль, 1990.
[44] ПЛАТОНОВ С Ф. Учебник русской истории[M]. Санкт-Петербург: Наука, 1993.
[45] РЕМЕНЦОВ А Н, КУЗНЕЦОВ А Л, КОЖЕВНИКОВА М Н. Из истории России ⅩⅩ века[M]. Москва: Русский язык. Курсы, 2008.
[46] САХАРОВ А Н. История России с начала ⅩⅧ до конца ⅩⅨ века[M]. Москва: Директ-Медиа, 2014.
[47] Федеральный закон от 29.12.2012 г. № 273-ФЗ, Об образовании в РФ[Z/OL]. (2012-12-29)[2024-10-11]. http://www.kremlin.ru/acts/bank/36698.
[48] ФЕДОРОВ В А. История России 1861-1917 гг. [M/OL]. Москва: Издательство Юрайт, 2016 [2024-10-11]. https://www.hist.msu.ru/upload/iblock/5f1/sum58496.pdf.

ПРИЛОЖЕНИЕ
附录

◆ Российские известные спортсмены

1. Елена Исинбаева (прыжки с шестом)

2. Евгений Плющенко, Алексей Ягудин, Ирина Слуцкая, Илья Авербух, Елена Бережная, Максим Траньков, Татьяна Волосожар, Юлия Липницкая, Татьяна Навка, Роман Костомаров, Аделина Сотникова, Антон Сихарулидзе (фигурное катание)

3. Александр Овечкин (хоккей)

4. Марат Сафин, Мария Шарапова, Светлана Кузнецова, Анна Курникова (теннис)

5. Андрей Кириленко (баскетбол)

6. Андрей Аршавин (футбол)

7. Алина Кабаева (гимнастика)

◆ Русские сказки

«Василиса Прекрасная»

«Волшебное кольцо»

«Гуси-Лебеди»

«Елена Премудрая»

«Журавль и цапля»

«Зимовье зверей»

«Золотая рыбка»

«Иван-царевич и серый волк»

«Иванушка-дурачок»

«Каша из топора»

«Кащей Бессмертный»

«Коза-дереза»

«Колобок»

«Кот, петух и лиса»

«Крошечка-Хаврошечка»

«Кузьма скоробогатый»

«Курочка Ряба»

«Лиса и волк»
«Лиса и журавль»
«Лиса и заяц»
«Лиса и кувшин»
«Лиса и лапоть»
«Лиса и медведь»
«Лиса и рак»
«Лиса и собака»
«Маша и медведь»
«Морозко»
«Петушок — золотой гребешок»
«Петушок и бобовое зернышко»
«По щучьему веленью»
«Репка»
«Сивка-Бурка»
«Снегурочка»
«Теремок»
«Царевна-лягушка»

◆ **Известные фильмы**

Советские фильмы всегда славятся своей чистотой, добротой, справедливостью.

«Ирония судьбы, или С лёгким паром!»
«Берегись автомобиля»
«12 стульев»
«Я шагаю по Москве»
«Джентльмены удачи»
«Семнадцать мгновений весны»
«Операция “Ы” и другие приключения Шурика»
«Москва слезам не верит»
«Служебный роман»
«Иван Васильевич меняет профессию»
«Бриллиантовая рука»
«Любовь и голуби»
«Девчата»
«А зори здесь тихие»
«Они сражались за Родину»
«Собачье сердце»
«Офицеры»

«Белый Бим, Чёрное ухо»

«Судьба человека»

«Жестокий романс»

Современные фильмы

«Легенда №17»

«Ёлки»

«Питер FM»

◆ Российские газеты и журналы

«Аргументы и факты» (aif. ru) — сайт издательского дома

«Ведомости» (vedomosti. ru) — ежедневная деловая газета

«Вечерняя Москва» (vm. ru) — ежедневная газета

«Жизнь» (zhizn. ru) — общественно-политическая газета

«Полнотекстовые статьи издания» (политика, общество, происшествия, спорт и др.)

«Известия» (iz. ru) — ежедневная газета

Издания издательского дома “Коммерсантъ” (kommersant. ru)

«Комсомольская правда» (sakhalin. kp. ru)

«Независимая газета» (ng. ru)

«Новые известия» (newizv. ru) — ежедневная общероссийская газета

◆ Российские поисковые системы

http://www. yandex. ru/

http://www. mail. ru/

◆ Членство РФ в международных организациях

РФ является членом:

- ООН (Организация Объединённых Наций 联合国)
- ОБСЕ (Организация по безопасности и сотрудничеству в Европе 欧洲安全与合作组织)
- ЕС (Европейский союз 欧盟)
- G20 (Большая двадцатка 二十国集团)
- СНГ (Содружество Независимых Государств 独立国家联合体)
- ЧЭС (Черноморское экономическое сотрудничество 黑海经济合作组织)
- ВТО (Всемирная торговая организация 世界贸易组织)
- АТЭС (Азиатско-Тихоокеанское экономическое сотрудничество 亚太经济合作组织)
- ШОС (Шанхайская организация сотрудничества 上海合作组织)
- БРИКС (группа из пяти стран: Бразилия, Россия, Индия, Китай, Южно-Африканская Республика 金砖国家)
- ЕАЭС (Евразийский экономический союз 欧亚经济联盟)